Gerd Ludwig

Mein Hund macht was er will

Weltbild

INHALT

4 TYPISCH HUND

- **Soziales Wesen.**
- **Braucht den festen Platz im Rudel (Familie).**
- **Braucht Kontakt zu Artgenossen.**
- **Akzeptiert den Menschen als Über-Hund.**
- **Will Aufgaben und Beschäftigung.**
- **Ist lernfähig und anpassungsbereit.**
- **Liebt regelmäßige Bewegung.**
- **Über 400 verschiedene Rassen.**

Der Hund ist dem Menschen seit fast 15 000 Jahren ein treuer Begleiter. Von seinem Stammvater Wolf hat er die Bereitschaft zur Integration in die Gemeinschaft und zur Anerkennung des Rudelführers geerbt. Dank seiner außerordentlichen Lernfähigkeit paßt sich der Hund den unterschiedlichsten Lebensbedingungen an und ist uns zum verläßlichen Partner bei allen Freizeitaktivitäten, aber auch zum aufmerksamen Begleiter der Kinder, zum Beschützer, Wächter, zum geduldigen Zuhörer und zum Seelentröster geworden. Seine wölfische Herkunft und die arteigenen Ansprüche verleugnet er dabei trotzdem nicht: Der Hund ist ein »Lauf-Raubtier«. Als Jagdersatz braucht er gezielte Spiele, die körperlich fithalten, geistig fordern und seine angeborenen Triebe befriedigen. Der Hund braucht die Nähe seines (Menschen-) Rudels und die führende Hand seines Herrn; der Hund braucht Zuwendung und nicht zuletzt den regelmäßigen Kontakt mit Artgenossen.

VERHALTENSWEISEN DES HUNDES

Der Hund ist ein soziales Wesen. Seine Lernfähigkeit erleichtert ihm die Integration in die Gemeinschaft. Basis für eine harmonische Kommunikation ist dabei die Kenntnis seiner Grundverhaltensweisen.

Die Ansprüche des Hundes

Zum Lebensglück eines Haushundes gehören drei Dinge: das intakte Mensch-Hund-Rudel, der Mensch als Oberhund und regelmäßige Aufgaben.

Hunde brauchen das Rudel. Der feste Platz in der Gemeinschaft gibt ihnen Sicherheit und Selbstvertrauen. Der Hund braucht wie der Wolf die soziale Gemeinschaft. Ohne feste Beziehung wird er früher oder später verhaltenskrank und dadurch zum Problem. Zum Glück für den Menschen muß es nicht unbedingt ein Hunderudel sein, bereitwillig akzeptiert der Haushund auch die menschliche Familie oder selbst Einzelpersonen. Ob Großgemeinschaft oder Mini-Rudel, Hauptsache, das Miteinander stimmt und die Rangordnung ist geklärt. Denn nichts geht Hunden mehr gegen den Strich als eine »offene Beziehung«, in der jeder machen darf, was ihm gerade in den Kopf kommt.

Hunde brauchen ein Leittier. Sie wollen einen Boß, den sie anerkennen und der sie bei Vergehen zurechtweist. Er darf nicht inkonsequent sein, denn das betrachtet ein Hund nicht selten als Aufforderung zur internen Kraftprobe.

Alle Familienmitglieder müssen sich dem Hund gegenüber bestimmt und konsequent verhalten, sonst setzt er Ansprüche, die ihm der »Leithund« nicht gestattet, bei Schwächeren durch.

Hunde brauchen Aufgaben. Nicht nur Gebrauchshunde, selbst Schoßhündchen zeigen sich plötzlich als ganze Kerle, wenn man ihnen Arbeit und Aufträge gibt, die sie erfolgreich bewältigen können.

So einfach ist das eigentlich. Aber offensichtlich auch so schwierig, denn fast immer liegen hier die Wurzeln des Übels, wenn Hunde den Gehorsam verweigern und Probleme machen. Wer sich einen lieben, zufriedenen, gehorsamen Hund wünscht, der muß sich mit ihm verständigen können, das heißt ihn richtig verstehen und sich selbst eindeutig verständlich machen. Deshalb ist es zunächst notwendig, die Grundmuster des Hundeverhaltens zu kennen: Sie müssen wissen, was der Hund Ihnen durch Körper- und Lautsprache sagen will, welche Entwicklungsphasen der Junghund durchläuft und warum oft schon im Welpenalter spätere Verhaltensfehler vorprogrammiert werden.

Dabeisein und Mitmachen: Gespannt und hellwach wartet die Kromfohrländer-Hündin auf Herrchens Anweisungen.

Mit Warnbellen hält der Hund fremde Artgenossen oder Menschen auf Distanz.

Die Lautsprache

Bellen. Ein bellender Hund fordert Mensch und Artgenossen zum Spielen auf, aber auch zur gemeinsamen Verteidigung von Haus und Hof. Bellen ist außerdem Warn- und Alarmsignal, kann der Ablenkung dienen, drückt oft Unsicherheit und Angst aus, manchmal Aggression. Gebellt wird aus Langeweile und sogar aus Lust am eigenen Gekläffe. Trotzdem gibt es ganz typische Arten von Bellen, die Sie eindeutig voneinander unterscheiden können:

✔ Alarmbellen: Sehr laut und wild, speziell wenn der Hund eine gefährliche oder unbekannte Situation vermelden will.

✔ Warnbellen: Kläffen in schneller Folge, manchmal mit kurzen Pausen zwischen den Einzelphasen (häufig gekoppelt mit Drohhaltung, → Tabelle Seite 11).

✔ Bettelbellen: Fordernd, oft mit hoher Stimmlage, wenn ein Wunsch (zum Beispiel ein Leckerbissen) nicht erfüllt wird. Ausdauernd, gleichförmig, verzögerte bis mittelschnelle Lautfolgen.

✔ Spielbellen: Hell und hoch, oft mit Pausen. Artgenosse oder Mensch soll zum Mitmachen »überredet« werden.

✔ Drohbellen: Heiser und tief, häufig vermischt mit Knurrlauten.

Knurren. Hunde, die knurren, wollen warnen. Sie wollen verhindern, daß man ihnen zu nahe kommt, daß jemand ihnen Knochen oder Spielzeug streitig macht, daß sie mit einer ungewohnten Situation nicht fertig werden. Aggressives Knurren ist selten. Es unterscheidet sich in Intensität und Bedrohlichkeit (dazu die drohende Körperhaltung) deutlich vom Angst- und Verteidigungsknurren.

Das Knurren bei Kampfspielen mit Artgenossen oder Menschen (zum Beispiel beim Beutespiel) ist nicht ernst gemeint.

Winseln. Winseln ist Welpensprache, auch wenn es von erwachsenen Hunden ebenfalls eingesetzt wird, vor allem, wenn sie die Erfahrung machen, daß Winseln auf Menschen die gewünschte Wirkung hat. Winseln bedeutet Unterwerfung, dem Artgenossen oder dem Menschen gegenüber. Es ist meist gekoppelt mit einer Demutshaltung. Ziel: Besänftigung des Gegenübers, manchmal auch der Versuch, Wünsche »auf die sanfte Tour« durchzusetzen.

Ein Hund winselt aber auch bei Schmerz und Krankheit.

Heulen. Zum Leidwesen ihrer Besitzer heulen viele alleingelassene und einsame Hunde. Mit den weithin hörbaren Heullauten will das Rudeltier Hund den Kontakt zur Familie wiederherstellen (Stimmfühlung).

Schnauben. Luft wird deutlich hörbar durch die Nase geblasen, meist schnell und stoßartig. Schnauben soll Artgenossen oder die Familie auf eine unbekannte oder unüberschaubare Situation aufmerksam machen, kann aber auch Mißfallen ausdrücken.

Brummen. Hunde, die gemaßregelt wurden oder Bellverbot haben, versuchen oft, die ungeliebten Anordnungen durch halblaute, ständig wiederholte Brummtöne zu unterlaufen. Vom Charakter her ist Brummen ein verdecktes Meckern.

Checkliste
Der richtige Umgang mit dem Welpen

1. Welpe nur von einem guten Züchter kaufen (→ Praxis Starthilfe, Seiten 28/29).
2. Freunden Sie sich durch zwei, drei Besuche vor dem Abholen mit ihm an. Das erleichtert die Trennung von Mutter und Geschwistern.
3. Die ersten Tage sind für den Aufbau der Beziehung wichtig: den Welpen nur kurz alleine lassen (eventuell nachts Lager neben dem Bett anbieten).
4. Fester Platz für den Welpenkorb. Hier den Hund nicht stören!
5. Bis etwa zur 20. Lebenswoche ist die Lernfähigkeit am größten. Der Welpe muß Vertrauen zu Ihnen aufbauen, er sollte möglichst wenige Negativerfahrungen machen.
6. Prinzip der Früherziehung bei Fehlverhalten: Tadeln, Ablenken und Alternativen anbieten (→ auch Praxis-Seiten 44/45).
7. Den Junghund nicht überängstlich beschützen (→ Seite 21).
8. Früh an regelmäßige Pflege gewöhnen.

Die Körpersprache

Körper. Riesengroß erscheinen oder unsichtbar werden – zwischen diesen Extremen liegen die Ausdrucksformen der Körpersprache des Hundes. Die einzelnen Ausdrucksformen (→ Tabelle, rechts) können sich auch überlagern oder scheinbar ansatzlos ineinander übergehen.

Wer beeindrucken will, muß Größe, Stärke und Selbstbewußtsein zeigen. Zum Imponiergehabe gehören der breit herausgestellte Vorderkörper, der Stelzengang, um höher zu wirken, das aufgestellte Fell im Schulter- und Nackenbereich (die Bürste), die etwas abgedrehte Kopfhaltung (der andere wird nicht fixiert) und der hoch aufgerichtete Schwanz.

Bei Konfrontation mit Stärkeren macht sich der Hund klein und unscheinbar. Auf die Hinterhand verlagertes Gewicht, gesenkter Schwanz, seitlich weggedrehter Körper und abgewendeter Blick signalisieren Unterwerfung. In Demutshaltung kapituliert ein Hund im Kampf: Auf dem Rücken oder auf der Seite liegend präsentiert er die verletzliche Hals- und Bauchpartie.

Schwanz. Wedeln ist Zeichen der Freude, kann aber auch Konzentration auf eine Aufgabe ausdrücken. Ein aufgerichteter Schwanz zeigt Selbstsicherheit und Stärke, wobei Wedeln freundliche Grundstimmung, steife Schwanzhaltung Abwehr und Drohen signalisieren. Je tiefer der Schwanz abgesenkt wird, desto unsicherer und ängstlicher ist ein Hund. Tiere, die den Schwanz zwischen den Beinen einkneifen, haben kein Selbstvertrauen. Ausnahme: Rassen, für die diese Haltung typisch ist (Whippet).

Mimik. Bei vielen Rassen ist die Gesichtszeichnung kontrastbetont (Schäferhund); bei einfarbigen Tieren sorgt gegenläufiger Haarstrich für Kontrastwirkung. So erhalten die verschiedenen »Gesichter« zusätzlichen Ausdruck.

✔ Drohen: Stirnrunzeln, Lefzen, Schneide- und Eckzähne sichtbar, starrer Blick.
✔ Spielgesicht: »Lachen« durch Zurückziehen der Lefzenwinkel und entblößte Zähne.
✔ Unterwürfigkeit: Mundwinkel weit nach hinten gezogen.
✔ Wut: gerunzelte Nasenpartie, stechender und starrer Blick.

Ohren. Nach hinten gerichtet: unterwürfig, aber auch im Kampf; aufgestellt und nach vorne gerichtet: aufmerksam, selbstbewußt, manchmal drohend. Es gibt allerdings viele Übergangsformen. Bei Hängeohren erkennt man die Stimmung nur an der Muskelbewegung am Ohransatz.

Weitere Verständigungsformen. Lecken (freudige Unterwerfung), Schnauzenstoß (Aufforderung zum Streicheln oder Spielen), Pfotenheben (Kontaktaufnahme, Versöhnungsversuch), unverwandtes Starren (bekundet Interesse an einer Sache, zum Beispiel an einem Leckerbissen).

Spielaufforderung: Der Vorderkörper wird abgesenkt, das Hinterteil bleibt erhoben.

Hundesprache auf einen Blick

	Körpersprache	Lautsprache	Situation
Freundlich-distanziert (Aktive Unterwerfung)	Haltung selbstbewußt, aufrecht. Kopf erhoben. Ohren nach vorne. Schwanz entspannt nach unten oder erhoben und verhalten wedelnd. Zeitweise Blickkontakt.	Keine	Kontakt mit bekannten Artgenossen, freundlichen Menschen, oder Freunden des Hundebesitzers.
Freudig	Haltung aufrecht. Kopf erhoben. Ohren nach vorne. Schwanz nach oben, wedelnd. Blickkontakt.	Begrüßungsbellen	Begrüßung guter Bekannter oder von Freunden.
Unsicher-abwartend	Verharrt unschlüssig. Ohren leicht nach hinten. Schwanz gesenkt. Meist ohne Blickkontakt.	Keine	Unbekannte oder unüberschaubare Situation.
Ängstlich-drohend (Abwehrdrohen)	Haltung angespannt, oft fluchtbereit, Rückenhaare zur »Bürste« aufgestellt. Kopf leicht abgewendet. Zähne gefletscht (eventuell In-die-Luft-Beißen). Ohren angelegt. Schwanz nach unten. Sporadischer Blickkontakt.	Unsicheres Knurren, manchmal Verbellen	Plötzliche Konfrontation mit Menschen oder Artgenossen, die direkt (bedrohlich) auf den Hund zukommen.
Selbstbewußt-drohend (Angriffsdrohen)	Steife Körperhaltung. Kopf hoch erhoben. Zähne gefletscht. Ohren nach vorne. Schwanz erhoben. Blick fixierend.	Keine oder bedrohliches Knurren	Hund fühlt sich als Herr der Lage. Wenn Gegner nicht flieht, folgt oft Angriff.
Unterwürfig (Passive Unterwerfung)	Hund macht sich klein. Er will durch Lecken und Pfotegeben beschwichtigen. Eventuell urinierend. Ohren nach hinten. Schwanz hängend, oft leicht wedelnd oder angelegt. Ohne Blickkontakt.	Keine oder Winseln	Hund hat einen Fehler begangen und wird ermahnt. Auch Kapitulation bei Hundekämpfen.
Auffordernd zum Spiel	Vorderhand nach unten, Hinterhand nach oben, Sprungeinlagen. Ohren nach vorne. Schwanz heftig wedelnd. Blickkontakt fixierend.	Hohes Bellen mit Pausen	Hund will Mensch oder Artgenossen zum Spiel animieren.

DOLMETSCHER

Hunde veständigen sich mit Duftsignalen, Körper- und Lautsprache.

Typisches Verhalten eines Hundes bzw. von Hunden untereinander.

? Was bedeutet diese Form der Körpersprache?

! So verhält sich ein Hundehalter in dieser Situation richtig.

Mit gehobener Pfote und zur Seite geneigtem Kopf plaziert sich der Hund vor dem Menschen.

? Typische Haltung des um Nachsicht oder Aufmerksamkeit bittenden Tieres.

! Aus erzieherischen Gründen dem Flehen und Betteln nicht immer sofort nachgeben.

Mit hocherhobenen Schwänzen stehen sich zwei Hunde Schnauze an Schnauze gegenüber.

? Erste vorsichtige Kontaktaufnahme zwischen zwei selbstbewußten, einander fremden Tieren.

! Geben Sie Ihrem Hund möglichst oft die Chance zur Begegnung mit Artgenossen.

Ganz hoch hebt der Rüde sein Bein am Baum und setzt Harn ab.

? Die Duftmarke eines Artgenossen soll durch möglichst hohes Absetzen von Harn überdeckt werden.

! Dem Hund bei jedem Spaziergang Gelegenheit zum Schnüffeln (»Zeitungslesen«) und Markieren geben.

Wildes, aber spielerisches Kräftemessen.

? Im Kampfspiel trainieren Hunde Angriff, Verteidigung und Unterwerfung.

! Nicht eingreifen! Hunde lernen im Spiel soziale Anpassung und Verträglichkeit.

Mit erhobenem Schwanz duldet der Dalmatiner das Beschnüffeln des Hinterteils.

Die Geruchskontrolle des »Analgesichts« ist wichtig, um den Artgenossen besser kennenzulernen.

Begrüßungen zwischen Hunden bitte möglichst ohne Zwang und Leine gestatten.

Rüde besteigt die paarungsbereit stehenbleibende Hündin.

Nach der Paarung sind Rüde und Hündin oft noch bis zu 40 Minuten miteinander verbunden.

Paarende Hunde nie trennen, da sie sich sonst verletzen können.

Vor seinem Besitzer legt sich der Hund auf den Rücken und präsentiert den Bauch.

Das Darbieten der verletzlichen Unterseite ist eine Demuts- und Ergebenheitsgeste.

Als souveräner »Leithund« akzeptieren Sie die Unterwerfung und streicheln Ihren Hund.

Mit gerunzelter Stirn und gefletschten Zähnen fixiert der Schäferhund eine Person oder den Artgenossen.

Aggressiv-drohend ist er bereit, den Kontrahenten zu attackieren.

Angeleinten Hund durch Abwenden und »Sitz!« sofort aus der Reizsituation bringen.

Gezielt streckt der Welpe seine Schnauze zum Mund der Mutter.

Die Kopfbewegung signalisiert Beschwichtigung und Bitte um Zuwendung.

Wer die Hundemutter beobachtet, erhält viele Tips für die Junghunderziehung.

PRAXIS VERSTÄNDIGEN

Verständigung ohne Mißverständnisse ist die Grundlage für ein harmonisches Zusammenleben mit dem Hund.

Welche Sprache versteht der Hund?
Ein Hund kann die Körpersprache des Menschen (Haltung, Mimik, Gestik) sehr gut deuten. Er achtet außerdem auf Stimmlage, Tonfall und Lautstärke. Ebenso reagiert er auf feinste Veränderungen des Geruchs, der für den Menschen in verschiedenen Situationen typisch ist. Damit es im Umgang mit dem Hund nicht zu Mißverständnissen kommt, ist es daher besonders wichtig, daß der gesprochene Befehl mit der Sprache unseres Körpers übereinstimmt.
Beispiel für ein Mißverständnis: Ein Hund verbellt einen willkommenen Besucher, sein Halter streichelt ihn und redet ihm beruhigend zu. Der Hund versteht dies als Lob und wird in Zukunft wieder bellen.

Wie lernt ein Hund?
Hunde lernen durch Erfahrung. Sie werden alles, womit sie eine positive Erfahrung verbinden, gerne tun und alles, was mit negativen Erfahrungen verbunden ist, unterlassen.
Erwünschtes Verhalten muß also verstärkt, unerwünschtes getadelt werden. Wichtig ist, daß Ihre Reaktion möglichst schnell, am besten während

Hochspringendem Hund nicht gut zureden, sondern abwenden.

des Verhaltens erfolgt, sonst verknüpft der Hund die Aktion nicht mit der Handlung.

Das Grundprinzip der Verknüpfung
Um einen Hund zur Reaktion auf einen Befehl wie »Sitz!« zu veranlassen, verwendet man das Prinzip der positiven Verknüpfung.
Beispiel: Sitz-Training
Ein Leckerbissen wird dem hungrigen Hund von seiner Nase aus so geschickt über den Kopf geführt, daß er ihn nur erreichen kann, wenn er sich hinsetzt (»Magnetwirkung«). Während (!) er dies tut, geben Sie das Hörzeichen »Sitz!« und gleichzeitig den Leckerbissen. Um ihn dann am sofortigen Aufstehen zu hindern, streicheln und loben Sie ihn eifrig. So lange, bis Sie die Übung, zum Beispiel durch »Lauf!«, wieder auflösen. Wichtig ist, daß der ausgeführte Befehl aufgelöst wird, bevor der Hund von selbst weg will.
Hinweis: Auch »Platz!«, »Bleib!« und »Hier!« dem Hund spielerisch beibringen, indem er durch Leckerbissen motiviert wird.

Loben und streicheln Sie den Hund ausgiebig, um ihn eine Weile in der Sitz-Position zu halten.

Wunschverhalten fördern

Die Erziehung des Hundes findet rund um die Uhr statt. Bei allen positiven und negativen Aktionen des Hundes muß gelobt oder getadelt werden, weil der Hund nur während der augenblicklichen Aktion beeinflußbar ist. Sie können Ihren Hund mit Worten belohnen, streicheln oder ihm Leckerbissen geben. Wichtig ist, daß der Hund es mit dem erwünschten Tun verknüpft.

Hunde lernen am besten durch »positive Konditionierung«. Das heißt, Situationen so zu gestalten, daß der Hund von sich aus das tut, was man von ihm will. Unterstützende Maßnahmen:

✔ Bei Übungen während des Spiels Ablenkung durch andere Reize vermeiden.

✔ Stets gleiche Lautzeichen, eindeutige Gesten verwenden.

✔ Leise, aber konsequente Befehle mit hoher Stimme zwingen ihn zu verstärkter Aufmerksamkeit.

✔ Überfordern Sie ihn nicht durch komplizierte Aufgaben.

✔ Wenn Sie gezielt neue Befehle einüben wollen, richtet sich die Dauer der Übungen nach Alter und Konzentrationsfähigkeit des Hundes.

✔ Spiel-Übungszeiten wählen, zu denen der Hund aktiv, lernbereit und hungrig ist.

✔ Vom Hund ausgeführte Befehle müssen von Ihnen wieder aufgehoben werden.

Am Fell ziehen und ihm dabei eine Strafpredigt halten führt nur zur Verunsicherung des Hundes.

Fehlverhalten richtig korrigieren

Es gibt verschiedene Formen, einen Hund für ein Fehlverhalten wirksam zu tadeln.

✔ Oft reicht ein scharfes »Pfui!« oder »Nein!«.

✔ Der Hund wird eine Zeitlang nicht beachtet oder auf sein Lager verbannt.

✔ Bei dickfelligeren Hunden hilft der »Nackenbiß«. Dabei wird der Hund blitzschnell mit der Hand im Nacken gepackt (»gebissen«) und nach unten gedrückt.

✔ Dominanzgriff: Der Hund wird mit der Hand von oben über die Schnauze gefaßt.

Hinweis: Völlig verkehrt ist, ihm zur Strafe nichts zu fressen zu geben, ihn einzusperren oder eine Strafpredigt zu halten.

In die Hocke gehen und dem Hund freundlich zurufen, damit er kommt.

WARUM WIRD EIN HUND ZUM PROBLEMHUND?

Unsere Ansprüche an den Hund werden immer größer: Wir wünschen uns einen treuen Begleiter in allen Lebenslagen, Partner bei Spiel und Sport, Kinderfreund, Tröster, Wächter. Oft kommen seine Ansprüche zu kurz. Die Folge: der Problemhund.

Der Wille zur Partnerschaft

Wer die Ursachen erkennt, hat schon halb gewonnen: Das gilt für viele Probleme und Beziehungskrisen, ob im zwischenmenschlichen Bereich oder in der Tier-Mensch-Partnerschaft. Selten sind es große, grundsätzliche Fehler, die in der Hundehaltung dem Traum vom harmonischen Miteinander zwischen Herr und Hund im Weg stehen. Fast immer sind es die kleinen Nachlässigkeiten und Mißverständnisse, die sich unmerklich einschleichen, lange genug akzeptiert und entschuldigt werden, irgendwann aber und manchmal ganz plötzlich die Schmerzgrenze überschreiten. Probleme, die sich langsam und auf leisen Pfoten nähern, haben Vor- und Nachteile: Die Gefahr der Gewöhnung ans falsche Rollenspiel zwischen Mensch und Hund, aber auch die große Chance, aus den Fehlern zu lernen und in kleinen Schritten der Beziehung eine neue Richtung zu geben.

Probleme mit dem Hund haben ihre Ursache häufig schon in der Erziehung des Welpen. Der neugeborene Welpe ist offen für alles. Und begierig auf alles. Er testet und verfeinert seine ererbten Fähigkeiten, er verarbeitet unzählige Umwelteindrücke, er lernt, wo Anpassung nötig ist und wo Durchsetzungsvermögen gefordert wird. Anfangs in der Wurfgemeinschaft mit Mutter und Geschwistern und im Kontakt zum Züchter, später in der wichtigen ersten Phase des neuen Familienlebens. Hier werden die Weichen für die soziale Verträglichkeit und Kooperationsbereitschaft des Junghundes gestellt.

Den Willen zur Partnerschaft bringt jeder Hund mit. Seltene Ausnahme: Tiere, die mit ererbten Verhaltensdefekten zur Welt kommen. Es ist an seinem neuen Besitzer, dem Hund Angebote zur Integration zu machen, ohne seine artgemäßen Bedürfnisse zu beschneiden. Im Klartext: Möglichst viele unserer Erwartungen an den Hund sollten mit seinen Erwartungen an uns übereinstimmen. Was natürlich nicht nur für die Welpenzeit gilt.

Partner bei Sport und Spiel: Für Kinder ist der Hund der beste Kamerad und Begleiter in allen Lebenslagen.

Was der Hund von uns erwartet

Der Hund ist ein Gesellschaftstier. Sein angeborenes Bedürfnis nach sozialer Nähe und die Bereitschaft zur Integration in eine Gemeinschaft haben seine Domestikation (Haustierwerdung) erst möglich gemacht. Aber selbst nach fast 15 000 Jahren Partnerschaft ist er kein Menschenkind auf vier Beinen geworden. Ein Hund hat Grundbedürfnisse, die wir ihm erfüllen müssen.

✔ Ordnung. Der Hund braucht einen festen Platz in der Familienstruktur.

✔ Versorgung. Geregelte, ausgewogene Ernährung, Gesunderhaltung (regelmäßige Impfungen und Kontrolluntersuchungen beim Tierarzt), Körper- und Fellpflege.

✔ Bewegung. Täglicher Auslauf, Minimum 30 Minuten, lauffreudige Rassen zwei Stunden.

✔ Beschäftigung. Gezielte Spiele mit Aufgaben, die fordern (Apportieren, Hindernisse, Suchen).

✔ Sozialleben. Regelmäßige Kontakte mit Artgenossen.

✔ Mitmachen. Überall dabeisein, Bekanntschaften schließen, neue Situationen erleben, ob im Café oder beim Einkaufsbummel.

✔ Zärtlichkeit und Zwiesprache. Tägliche Zuwendung und Schmusestunden.

✔ Privatsphäre. Eigener Schlaf- und Ruheplatz, an dem der Hund möglichst wenig gestört wird.

Verständnis für den Hund setzt Verstehen und Wissen voraus. Nun kann ein taufrischer Hundebesitzer kein ausgebuffter Experte in Sachen Hundeverhalten sein, sehr wohl aber sollte er den Willen zur Gemeinsamkeit und die Bereitschaft zum Verzicht auf die eine oder andere liebgewonnene Gewohnheit mitbringen. Der Hund verändert unser Leben! Aber er ist auch zu erstaunlichen Kompromissen bereit: in der Anpassung seines Tagesrhythmus (Aktivitäts- und Ruhephasen) an den des Menschen, in der Bereitschaft, bestimmte Verhaltensweisen zu unterdrücken (zum Beispiel Futtervorräte im Haus anzulegen oder mit dem Familienrudel in einem Bett zu schlafen) und sich ungewohnten Anforderungen zu stellen (mit Auto, Bahn oder Aufzug fahren, über Stunden alleine im Haus bleiben, mit anderen Heimtieren friedlich zusammenleben).

Was erwarten Sie von Ihrem Hund?

Familienhunde gehen selten geregelter Arbeit nach. Das unterscheidet sie von Dienst- und Gebrauchshunden, die bestimmte Begabungen und Fähigkeiten mitbringen müssen oder eine spezielle Ausbildung erhalten. Die Anforderungen an die arbeitenden Vierbeiner sind eindeutig definiert. Aber auch für Familienhunde gibt es einen Anforderungskatalog, der dem der Gebrauchshunde im Anspruch ganz bestimmt nicht nachsteht. Im Gegenteil: Vom Familienhund wird heute die Funktion eines Allroundkönners erwartet. Er soll der perfekte Begleiter sein, der sich in allen Situationen selbstbewußt, aber unauffällig verhält, er ist den Kindern

Kleine Dressurtricks beschäftigen den Hund und stärken sein Selbstbewußtsein.

Freund und Spielgefährte, schlichtet Streit in der Familie, macht sich als Seelentröster verdient, wird zum Partner bei Sport und Fitneß, ist ein mutiger Beschützer und der natürliche Wächter von Haus und Hof.

Die Wunschliste ist Ausdruck einer positiven Entwicklung: Der Hund lebt heute in und mit der Familie - intensiver und lebendiger als je zuvor. Aber er kann nicht alle Forderungen erfüllen. Sie müssen sich bereits vor dem Kauf darüber im klaren sein, daß ein Familienhund nicht die Aufgaben eines Begleit-, Wach-, Gebrauchs- oder Jagdhundes übernehmen kann. Kontrollieren Sie auch später Ihre Ansprüche an den Hund regelmäßig. Damit Probleme gar nicht erst entstehen können.

Trimm-Trab zu zweit: Im Wald und wildreichen Gelände stets mit Leine.

»Was Hänschen nicht lernt...«

Am leichtesten lernen Junghunde bis zur 20. Lebenswoche (Prägungsphase). Bei erwachsenen Tieren braucht man viel mehr Zeit, Energie und Ausdauer, um ihnen Macken und Fehler abzugewöhnen. Den Welpen sind Wißbegierde und Lerneifer angeboren. Mutter Natur sorgt dafür, daß sie die Chance haben, sich fürs Leben fit zu machen. Fitneß heißt dabei nicht nur körperlich auf Draht sein, sondern vor allem Erfahrungen und neue Eindrücke sammeln. Wildlebenden Hunden sichert Fitneß das Überleben. Ganz so

Ein Freund nach Maß

	So treffen Sie die richtige Wahl
Zuneigung und Zärtlichkeit	Hündinnen sind meist verschmuster und sanfter als Rüden. Ausnahmen bestätigen die Regel.
Gehorsam	Gehorsam basiert auf Erziehung und Ausbildung. Dominante Rüden testen hartnäckig, wer der Boß ist. Rassen mit Dickkopf: Chow-Chow, Rauhhaardackel und einige Terrier-Arten.
Schutz- und Wachinstinkt	Airedale-Terrier, Dobermann, Hovawart, Kuvasz, Riesenschnauzer, Rottweiler, Schäferhund, Sennenhunde und andere Hütehunde.
Sport- und Freizeitpartner	Alle mittelgroßen Hunde, die nicht zu schwer sind. Beste Läufer: Dalmatiner, Setter, Windhunde. Unermüdlich und hellwach: Border Collie.
Kinderfreund	Ausgeglichene Rassen, die keinen Schutz- und Wachinstinkt haben, zum Beispiel Beagle, Labrador und Golden Retriever.
Stärke und Abschreckung	Große, eindrucksvolle, selbstbewußte Hunde: Leonberger, Mastiff, Bernhardiner, Rottweiler, Schäferhund, Dogge.
Lebendigkeit	Bringen Schwung in die Familie: Border Collie, Chihuahua, Kromfohrländer, Spitz, Terrier (Fox, Cairn, Jack Russell).
Sauberkeit	Langhaarrassen schleppen Wald und Wiese ins Haus. Aber auch kurzhaarige Hunde verlieren Haare! Problemlos: Airedale-Terrier, Bedlington Terrier, Pudel.
Perfekter Begleiter	Finden sich in jeder Situation zurecht: Bearded Collie, Bobtail, Boxer, Collie, Corgi, Dalmatiner, Labrador und Golden Retriever.
Für Kleinwohnungen	Boston Terrier, Bulldogge, Chihuahua, Lhasa Apso, Malteser, Mops, Pekingese, West Highland, Zwergpudel.
Single-Hund	Bullterrier, Chow-Chow, Dobermann.
Verträglichkeit mit anderen Heimtieren	Sind die Tiere von klein auf aneinander gewöhnt, klappt es meist gut. Jagdhunde nicht mit ihren Beutetieren zusammenbringen.

Wadenbeißer: Ein Hund, der seinen Besitzer attackiert, betrachtet sich selbst als Boß.

dramatisch ist es beim Familienhund nicht, doch auch bei ihm entscheidet sich schon im Welpenalter, ob die Zukunft Harmonie oder Probleme bringt. Bei Wölfen und Wildhunden ist Welpenerziehung Sache des Rudels, bei Familienhunden die Aufgabe von Herrchen.

Fehler Nr. 1: Verspäteter Schulbeginn. Lange Zeit sieht man dem Welpen alles nach: Unsauberkeit, Beknabbern, Futterverweigerung, Dauerwinseln. Das Ergebnis: ein verwöhnter, trotziger Junghund. Beginnen Sie deshalb mit der Grunderziehung schon wenige Tage nach seinem Einzug. Der Welpe will und kann lernen. Positiv verstärken heißt die Devise: ausgiebig loben, wenn es klappt. Falls nicht, Übung wiederholen, niemals strafen! Alles spielerisch und mit Spaß für beide.

Fehler Nr. 2: Nachgiebigkeit. Natürlich verlangt ein kleiner Hund Nachsicht. Aber alles zu seiner Zeit: Sie entscheiden, wann gespielt wird und wie Sie das Spiel mit Lernübungen mischen.

Fehler Nr. 3: Überforderung. Auf die Schnelle geht nichts, Lernen braucht auch bei Welpen Zeit. Der Welpenbesitzer sollte wissen, daß er selbst rund um die Uhr gefordert ist: Sein junger Hund setzt sich ständig mit neuen Umwelteindrücken auseinander und braucht – speziell im 4. und 5. Lebensmonat – einfühlsame, konsequente Anleitung und Führung. Alle Übungen (auch »Sitz!«, »Platz!«, »Bleib!« und »Hier!«) lernt der Welpe während des gezielten Spiels durch positive Verknüpfung (→ Praxis-Seite 14).

Immer wenn der Welpe ausgeruht und aktiv ist, wird gezielt gespielt. Bevor er ermüdet, wird das Spiel abgebrochen. So behält er die Übungen in angenehmer Erinnerung und will sie von sich aus wiederholen.

Fehler Nr. 4: Zu viele Lehrer. Viele Köche verderben den Brei, auch in der Welpenerziehung: Ein Familienmitglied ist für die Ausbildung verantwortlich und sollte bei den Übungen mit dem Hund alleine sein (Welpen lassen sich leicht ablenken). Die restlichen Familienmitglieder übernehmen später die Kommandos.

Fehler Nr. 5: Verhätscheln. Junghunde, die übermäßig beschützt werden, entwickeln oft ein gestörtes Verhältnis zu ihren Artgenossen. Ein Welpe, der aus Furcht, ihm könnten andere Hunde zusetzen, von seinem Besitzer ständig auf den Arm genommen wird, hat kaum eine Chance, das arteigene Verständigungsrepertoire zu testen und überschätzt seine Fähigkeiten.

Vier Grundregeln fürs Miteinander

Da hat man unerwartet einen freien Tag und freut sich auf den Spaziergang mit seinem Hund. Aber was macht der? Er lehnt dankend ab und hält lieber weiter Siesta.

Ob Ablehnung, Aufsässigkeit oder Befehlsverweigerung: Das Fehlverhalten eines Hundes ist meist der Ausdruck einer gestörten Tier-Mensch-Beziehung.

Warum wird ein Hund zum Problemhund?

Ansprüche respektieren. Futterzeiten und Siesta Ihres Hundes sollten Ihnen heilig sein. Wird ein Hund zum Spielen aus dem schönsten Schlaf geweckt, sind schlechte Laune und Trotz vorprogrammiert. Darüber hinaus entwickeln Hunde ein erstaunliches Feingefühl gegenüber Menschen, die ihnen nur so zum Spaß unsinnige Befehle geben oder sie mutwillig ärgern.
Vor Gleichberechtigung wird gewarnt. Wer mit seinem Liebling jedes Thema ausdiskutieren will, sollte dicke Socken anziehen. Räumt man Hunden Mitsprache ein, hebt das ihre Rangposition. Das ist keine Bosheit, sondern Hundeart: In Rudel und Familie wird nur der als Boß anerkannt, der für den Hund ein Vorbild ist.
Laut ist out! Stärke (Ranghöhe) hat nichts mit Lautstärke zu tun. Hunde reagieren auf geflüsterte Befehle und selbst auf Gesten. Hunde, die angebrüllt werden, zucken erschreckt zusammen und bekommen Angst. Bei nächster Gelegenheit büxt ein ängstlicher Hund aus oder wendet sich gegen seinen Herrn.
Bleiben Sie ruhig und bestimmt im Ton, aber mit Ausrufezeichen. Ihr Hund soll gehorsam sein und Freude daran haben.
Schläge helfen nie. Körperliche Züchtigung untergräbt das Vertrauen. Vertrauen aber ist die Basis von Befehl und Gehorsam. Wirksame Maßnahmen bei unerwünschten Verhaltensweisen finden Sie auf den Praxis-Seiten 14/15).

Das ist typisch Hund!

Junge Hunde sind offen für Beziehungen. Eine gute Basis, um dem Menschen mit seinen unterschiedlichen Ansprüchen liebenswerte Partner zu sein. Doch Hunde haben auch Vergangenheit. Ihr Wolfserbe prägt noch heute Wesen und Persönlichkeit. Jeder Hundefreund sollte sich vor dem Kauf gut überlegen, ob er sowohl die arttypischen Verhaltensmuster wie auch spezielle Rasseneigenheiten akzeptiert.
Hunde sind Lauftiere. Selbst Schoßhunde brauchen täglich Auslauf. Wer seinem Hund keine Bewegung gönnt, hat bald einen unausgeglichenen Nervtöter im Haus.
Geringere Ansprüche, mindestens aber 30 Minuten: Basset, Chihuahua, Dackel, Mops, Spitz.
Minimum zwei Stunden: Dalmatiner, Husky, Setter, Windhunde.
Achtung: Lassen Sie einen unfolgsamen und triebstarken Hund nie zügellos laufen. Nur auf sicherem Gelände freilassen, sonst angeleint.

Wurfgeschwister vermitteln Wärme, Sicherheit, Geborgenheit und Vertrauen.

Spiel der tausend Möglichkeiten: Der Ball ist für viele Hunde das Lieblingsspielzeug.

Bewegung verbunden mit gezielter Beschäftigung ist in diesem Fall sicherer.

Hunde bellen. Auch gut erzogene Hunde sind nicht völlig schweigsam. Mit mehr Stimme: Chihuahua, Dackel, Fox, Spitz, Terrier, Zwergschnauzer; kleine Rassen und besonders wachsame Hunde. Von Haus aus leiser: Basset, Bearded Collie, Berner Sennenhund, Bullterrier, Irish Wolfhound, Neufundländer.

Hunde brauchen das Rudel. Das Rudel kann die Großfamilie sein, aber auch nur aus Herr und Hund bestehen. Bei überlangen Solo-Zeiten oder Dauertrennung leiden Hunde an Vereinsamung, neigen zu Ersatzhandlungen (Anknabbern von Gegenständen) und können krank werden.

Nähe wichtig: Bobtail, Boxer, Briard, Eurasier, Husky, Mops, Pekingese, Pudel, Sennenhunde, Sheltie, West Highland. Eigenständiger: Barsoi, Bulldogge, Hovawart, Pyrenäen-Schäferhund. Ein-Personen-Hunde: Afghane, Chow-Chow, Dobermann, Saluki, Schutzhunde.

Hunde brauchen ein Leittier. Im Hunderudel bestimmt der Erfahrenste und Wesensstärkste. Solange er keine Schwäche zeigt, wird er von allen anerkannt. Ihr Hund sieht Sie genau in dieser Position.

Umgänglich: Boxer, Beagle, Berner Sennenhund, Eurasier, Golden und Labrador Retriever, Mops, Pudel, West Highland. Keine Anfänger-Hunde: Akita-Inu, Basenij, Dobermann, Hirtenhunde, Rottweiler.

Warum wird ein Hund zum Problemhund?

Hunde brauchen Aufgaben

Ein nicht ausgelasteter Hund wird zum gelangweilten, unzufriedenen, unfolgsamen Nervtöter, der schließlich viele Probleme bereiten kann.

Hunde brauchen Beschäftigung. Jobs gibt es genug: Kombinationsaufgaben, Hol- und Bringaufträge, Sport und Spiel, Bewachen und Schützen bis hin zur Arbeit als Hüte-, Such- oder gar Rettungshunde. Wer glaubt, nur ausgebildete Gebrauchs- und Schutzhunde hätten das Zeug dazu, hat mit seinem Hund noch nie die Probe aufs Exempel gemacht. Sie werden staunen, was er alles kann!

Sport und Spiel für alle. Völlig unsportliche Hunde gibt es nicht und für ein Ballspiel lassen viele sogar ihr Futter stehen. Sanftes Spiel hat oft therapeutische Wirkung, zum Beispiel auf Senioren, Rekonvaleszenten und werdende Hundemütter.

»Denksport« hält fit.
Das im Karton oder unter einer Decke versteckte Spielzeug, ein Ball, der auf Umwegen geholt werden muß: Kombinationsaufgaben fordern Köpfchen und Engagement vom Hund.
Besonders pfiffig: Border Collie, Deutscher Schäferhund, Fox, Hovawart, Pudel, Spitz, West Highland.

Arbeit macht Spaß. Ein Luxusleben ist nicht nach ihrem Sinn. Sie sind Profis, dankbar für jeden Einsatz als Beschützer und Bewacher, sie ziehen Schlitten und Milchwagen, folgen Fährten, hüten Schafe, Kühe oder Hühner.
Wach- und Arbeitshunde: Boxer, Dobermann, Dogge, Rottweiler, Schäferhund.
Hütehunde: Bearded Collie, Bobtail, Border Collie, Corgi.
Zug- und Schlittenhunde: Alaskan Malamute, Berner Sennenhund, Husky, Samojede.

Typische Rassemerkmale

Lernwillig, anpassungsfähig und reaktionsschnell sind die meisten Hunde. Trotzdem hat jede Rasse ganz typische Eigenschaften. Doppelnennungen charakterisieren Rassen mit zwei annähernd gleichwertigen Typmerkmalen.

Hellwach, an allem interessiert: Border Collie, Boxer, Entlebucher Sennenhund, Fox, Jack-Russel-Terrier, Mittelschnauzer, Spitz. Für Menschen, die die Partnerschaft mit einem Energiebündel als Herausforderung ansehen.

Besonders anhänglich, ausgeglichen und gutmütig: Basset, Bearded Collie, Bobtail, Irish Wolfhound, Labrador und Golden Retriever, Mops, Neufundländer, West Highland.

Unmißverständlich: Aufforderung zum Gassigehen.

Spitzensportler: Afghane, Barsoi, Deutscher Schäferhund, Husky, viele Terrier-Rassen, Setter. Für Stubenhocker absolut tabu!
Brauchen Aufgaben und Arbeit: Bearded Collie, Border Collie, Briard, Deutscher Schäferhund, Hovawart, Husky, Retriever, Setter. Hunde, die Aufmerksamkeit, Zuwendung, viel Zeit und Energie fordern.
Selbstbewußt und furchtlos: Bernhardiner, Bullterrier, Deutscher Schäferhund, Dobermann, Kuvasz, Mastiff, Rottweiler, Staffordshire. Hunde, die eine konsequente, aber nicht harte Hand verlangen. Für Kenner.
Charmant, aber eigenwillig: Akita-Inu, Chow-Chow, Dackel, English Bulldog, Scottish Terrier, Spitz. Für Liebhaber, die Hunde mit einer starken Persönlichkeit (häufig auch Dickköpfigkeit) respektieren.

Probleme und ihre Ursachen

Erziehungsfehler, ererbte Jagd- und Beschützerinstinkte, Langeweile und ihre Folgen: Probleme mit und von Hunden, die nachvollziehbare Ursachen haben. Kennt man Ursache und Entwicklung, läßt sich unerwünschtes Verhalten relativ leicht abstellen oder zumindest so sehr verändern, daß es nicht länger die Partnerschaft zwischen Herr und Hund belastet.
Die echten Krisen in der Tier-Mensch-Beziehung kommen auf zwei Wegen: entweder wie eine Magenverstimmung, die urplötzlich ausbricht, oder als schleichende Erkrankung, von der zwar alle wissen, die aber keiner richtig ernst nimmt, bis es schließlich zu spät ist.

Ursachen für plötzlich auftretende Probleme
✔ Veränderte Rudel-(Familien-)Struktur: neuer Partner des Hundehalters; die Ankunft eines Babys; der Wechsel in der Betreuung des Hundes aus beruflichen Gründen, wegen Krankheit, Tod oder im Urlaub; neues Heimtier im Haus.

TIP

Eignungstest

Welcher Hund paßt zu Ihnen?
Typische Rasseeigenschaften erkennen Sie nur im Umgang mit erwachsenen Tieren. Was Sie bei der Auswahl des Welpen beachten sollten, erfahren Sie auf der Praxis-Seite 28.
Große, starke, selbstbewußte Hunde: Kann ich den Hund an der Leine halten (gilt für alle, die den Hund betreuen sollen)? Bin ich konsequent genug, um mich gegen ihn durchzusetzen? Biete ich ihm ausreichend Platz in der Wohnung?
Hüte-, Wind- und Gebrauchshunde: Bringe ich die Zeit und Energie auf, um dem Hund genug Aufgaben zu geben und ihm die ausgiebige tägliche Bewegung zu bieten? Ist zu jeder Tageszeit jemand da, der den Hund betreut beziehungsweise ihn neben dem Fahrrad oder auf einer Hundebahn trainiert (Windhunde)?
Ein-Mann-Hunde, Begleit- und Kleinhunde: Kann mich mein Hund regelmäßig ins Büro oder bei meinen Freizeitaktivitäten begleiten? Was passiert mit ihm während der Urlaubszeit oder bei Krankheit?
Pflegeintensive Hunde: Bin ich bereit, Zeit für die Fellpflege (beim Langhaarfell in der Regel täglich) beziehungsweise Zeit und Geld für Schur oder Trimmen zu investieren? Wer auf eine peinlich saubere Wohnung achtet, wird mit Hunden allgemein Probleme haben.
Wichtig: Habe ich das Einverständnis der Mitbewohner und/oder des Vermieters?

Warum wird ein Hund zum Problemhund?

Die Frage »Ich darf doch mit auf die Reise?« steht dem Hund ins Gesicht geschrieben.

✔ Neue Lebens- und Umgebungsbedingungen: Umzug; Umstellung im Tagesablauf, zum Beispiel wegen geänderter Arbeitszeiten des Halters; Futterwechsel; Wechsel der gewohnten Spazierwege und Spielplätze; Kontaktverlust zu befreundeten Hunden; Kündigung eines Gewohnheitsrechts (zum Beispiel Verbot des Schlafzimmers); Verlust des Lieblingsspielzeugs; häufiges Alleinsein; dominante oder aggressive Hunde-Konkurrenz im Wohnviertel; läufige Hündin in Schnuppernähe; fortgesetzte Störung während Schlaf- und Ruhezeiten.

Ursachen für Probleme, die sich einschleichen

Bewegungs- und Beschäftigungsmangel, übermäßiges Verhätscheln und Beschützen, unbewußte oder bewußte Stärkung des Aggressionsverhaltens gegenüber Menschen oder Artgenossen durch den Hundehalter, fehlende Sozialkontakte mit anderen Hunden, Nachgiebigkeit des Besitzers bei der Fütterung oder bei einem bettelnden Hund, ständige Bevorzugung des Hundes gegenüber Familienmitgliedern, anderen Hunden oder sonstigen Heimtieren im Haus. Traumatische Erlebnisse beim Autofahren oder fehlende Gewöhnung ans Auto, fehlende Unterordnungsausbildung (Dominanzverhalten), Vernachlässigung (eventuell Unsauberkeit).

Gute Ausstattung macht alles leichter

Manche Probleme mit Hunden entstehen auch, weil man die falsche Ausstattung besitzt.

Halsband: Das Halsband soll aus festem aber anschmiegsamem Material (vorzugsweise Leder, Textil) sein und muß mindestens zwei Halswirbel überdecken. Es muß so gut anliegen, daß der Hund es nicht abstreifen kann. Würge- oder Korallenhalsbänder sowie Metallhalsbänder sind bei der positiven Erziehung und Ausbildung abzulehnen.

Leine: Leder (belastbar, vor allem für kräftige Hunde), Nylon (für kleine bis mittelgroße Hunde), Flexi (ausziehbar, gibt Hunden, die nicht von der Leine dürfen, Bewegungsraum), eventuell Reflexleine (reflektiert Licht).

Pflegezubehör: Bürste und Kamm ohne scharfe Kanten oder vorstehende Drahtenden.

Futter- und Wasserschüssel: Kippsicher, geschmacksneutral, bruchsicher.

Schlafplatz: Waschbare Decken und Kissen, zug- und störungsfreier Standort.

Transportbox: Der Größe des Hundes angemessen, stabil, winddicht, knabberfest.

Spielzeug: Bei Weichplastik ohne Metallkern; Mindestgröße, die nicht verschluckt werden kann; frei von Chemikalien und Farbstoffen.

Wann brauche ich Hilfe vom Profi?

Die Experten der Hundeschulen haben Erfahrung mit schwierigen Hunden. Empfehlenswert ist ein Erziehungskurs,

- ✔ wenn ein Problem auf Dauer (etwa sechs Monate und länger) bestehen bleibt,
- ✔ wenn der Hund zur Gefahr wird (Bissigkeit, fortgesetztes Streunen),
- ✔ wenn Sie sich eingestehen müssen, daß Ihre Geduld und Ihre Energie erschöpft sind.

Checkliste
Welche Symptome zeigt Ihr Hund?

Besonders typische Verhaltensauffälligkeiten des Hundes können meist direkt einem bestimmten Problembereich zugeordnet werden. Die eingehende Analyse der häufigsten Problemfälle finden Sie ab Seite 33.

1 **Teilnahmsloses, apathisches Verhalten:** trauernde Hunde, Vitalitätsverlust und Altern, Kontaktscheu und Ängstlichkeit, nachtaktive Hunde, Angst vor dem Alleinsein.

2 **Protestreaktionen, Aufsässigkeit und Ungehorsam:** Mangel an Selbstbewußtsein, Verhätscheln durch Besitzer, Eifersucht, fehlende Zuwendung, übermäßiger Bewegungsdrang, veränderte Familienstruktur, Liebesentzug, zu häufiges und zu langes Alleinsein.

3 **Aufdringlichkeit, Quengeln:** übermäßiges Verwöhnen, Nachgiebigkeit des Besitzers, Mangel an Zuwendung.

4 **Dominanz bis zur Bissigkeit:** unklare Herr-Hund-Hierarchie.

Die Auswahl des Welpen

Besuchen Sie die Welpen möglichst oft, um den herauszusuchen, dessen Charakter Ihnen am meisten zusagt. Grundsätzlich gilt:

✔ Welpen, die sich ängstlich in die Ecke drücken, bleiben oft scheu und wesensschwach.

✔ Welpen, die jeden Besucher sofort zwicken oder beißen und ihren Willen durchsetzen, brauchen eine konsequente Erziehung und sind für Anfänger nicht geeignet.

✔ Ideal: Welpen, die sich aktiv (freudig) unterwerfen, aber nicht ängstlich verhalten. Sie kommen schwanzwedelnd auf Sie zu, lassen sich gerne streicheln und wollen Ihre Hände lecken.

Auf Zuruf kommt der Welpe freudig angelaufen.

So finden Sie den richtigen Züchter

Adressen von seriösen Züchtern erhalten Sie vom »Verband für das Deutsche Hundewesen« (→ VDH, Seite 62).

✔ Lassen Sie sich von einem unabhängigen Fachmann (Tierarzt) über rassetypische Verhaltensansprüche Ihres Wunschhundes beraten.

✔ Ein guter Züchter stellt Ihnen viele Fragen, um Sie besser kennenzulernen. Er erweckt fast den Eindruck, als würde er seine Welpen am liebsten behalten.

✔ Er ist lediglich auf eine Hunderasse spezialisiert und hält nicht zu viele Hunde.

✔ Die Hunde haben Familienanschluß und werden nur stundenweise im Zwinger gehalten.

✔ Sie zeigen sich Besuchern gegenüber interessiert, selbstbewußt, freundlich, sind weder ängstlich noch aggressiv.

✔ Ruheplätze und Freßnäpfe sind sauber.

✔ Ab der 4. Lebenswoche dürfen Sie die Welpen regelmäßig besuchen (wichtige Gewöhnungsphase).

✔ Der Züchter gibt Ihnen Pflege- und Fütterungstips für die ersten Wochen daheim.

✔ Er hält später regelmäßigen Kontakt mit Ihnen.

✔ Papiere und Impfbescheinigungen sind vollständig. Abstammungspapiere des Welpen werden nachgeliefert (dies muß im Kaufvertrag bestätigt sein).

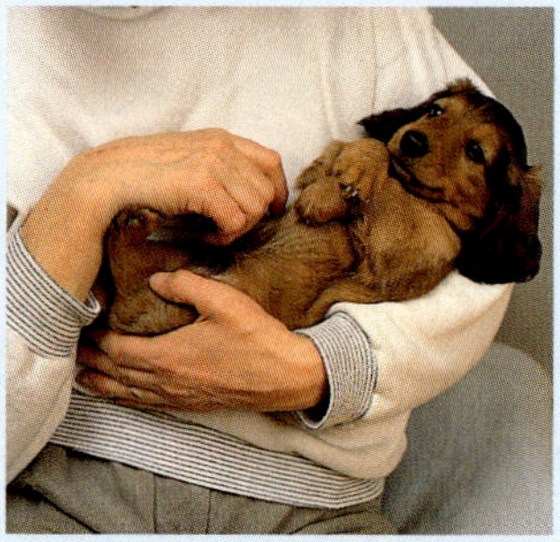

Der Welpe läßt sich vertrauensvoll auf den Arm nehmen.

Auf freundlichen Zuruf reagiert dieser Welpe ängstlich und bleibt sitzen.

Was bringt ein Welpenkurs?
Um die gesunde Entwicklung des Welpen zu unterstützen, empfiehlt sich der Besuch von Welpenkursen oder Welpenspieltagen in guten Vereinen. Dort lernt der Welpe im spielerischen Umgang mit Gleichaltrigen die Regeln des artgemäßen Sozialverhaltens, lernt seine Kräfte und Fähigkeiten einzuschätzen, entwickelt Selbstbewußtsein und Persönlichkeit. Hunde, denen diese Sozialspiele mit Artgenossen verwehrt bleiben, werden kontaktscheu oder zeigen Fehlverhalten.

Was tun bei Problemen?
Der Tierarzt Ihres Vertrauens ist bei allen Problemen die erste Anlaufstelle. Bei Verhaltensauffälligkeiten muß er vor Beginn einer Therapie sicherstellen, daß sie nicht durch gesundheitliche Störungen verursacht werden.
Der Hundepsychologe oder Hundetherapeut behandelt seine Patienten einzeln und zuhause in ihrem gewohnten Lebensumfeld.
Die Therapie eines verhaltensgestörten Hundes ist nur möglich, wenn die Ursachen der Störung beseitigt werden. Da die Ursachen in der Regel im direkten Umfeld des Hundes zu finden sind (zum Beispiel nicht artgerechte Haltung), ist in vielen Fällen die Einbeziehung des Hundehalters von Beginn der Therapie an sinnvoll.

Hunde mit ihren Besitzern beim Üben in der Hundeschule.

Erziehung nach Programm
Hundeschulen bieten nicht nur Spezialkurse für Problemhunde an. Alle, die noch wenig Erfahrung mit Hunden haben, können dort mit ihrem Vierbeiner zusammen regelmäßige Übungs- und Spielstunden besuchen. Den Hund allein in eine Ausbildung zu geben macht nur dann Sinn, wenn Sie vor Abschluß des Erziehungsprogramms in den richtigen Umgang mit Ihrem Hund eingewiesen werden.
In einer guten Hundeschule lernt man nicht nur den praktischen Umgang mit dem Hund, sondern erhält vor allem auch eine ausführliche theoretische Schulung.

VERHALTENSPROBLEME UND WIE MAN SIE LÖST

Die meisten Probleme mit Hunden sind hausgemacht. Sie treten in der Partnerschaft von Mensch und Hund vor allem dort auf, wo falsche und überzogene Erwartungen und Ansprüche an den Hund gestellt werden.

Warum Hunde Probleme machen

Gesunde Aggressivität und gesunde Angst gehören zum arteigenen Verhalten des Hundes. Hier soll es ausschließlich um übersteigerte Aggression und Überängstlichkeit gehen, die häufigsten Merkmale von Problemhunden. Beide können angeboren sein oder durch eine gestörte Beziehung zum Menschen hervorgerufen werden.

Häufig wird eine Behandlung noch erschwert, weil sich die Symptome überlagern: Angst kann zur Abwehraggression führen, Angriffsbereitschaft von Angstgefühlen gehemmt werden.

<u>Ursachen aggressiven Verhaltens</u>

Aggression wird immer durch eine bestimmte Situation (Reizlage) ausgelöst.

✔ Gegenüber Fremden: Überzogene Fixierung auf Besitzer, Revierverteidigungsverhalten wird vom Halter gefördert, schlechte Erfahrungen.

✔ Gegenüber der Familie: fehlende Unterordnung, dauernde Störungen beim Schlafen oder Fressen, Schmerzen.

Zerberus am Zaun: Mit Überwächtern in Haus und Garten hat man kein leichtes Leben.

✔ Gegenüber bestimmten Familienmitgliedern: Eifersucht, Verteidigung einer Bezugsperson, schlechte Erfahrungen.

✔ Gegenüber Artgenossen: Übermäßige Konkurrenz unter Rüden, Beschützerrolle (Besitzer wird verteidigt), fehlende Sozialisierung in den Prägungsphasen (Mangel an Kontakten mit Artgenossen), schlechte Erfahrungen.

<u>Ursachen der Angst</u>

✔ Vor fremden Menschen: Kontaktdefizit oder schlechte Erfahrungen.

✔ Vor anderen Hunden oder bestimmten Rassen: unliebsame Begegnungen, Beißereien, Übertragung von Ängsten des Besitzers.

✔ Vor unbekannten Situationen, Gegenständen, Lärm oder fremden Geräuschen: mangelndes Training in der Jugendzeit, übersteigertes Verhätscheln durch den Halter.

<u>Weitere Ursachen für Verhaltensprobleme</u>

Übermäßiges Verzärteln, Verwöhnen und Beschützen führt zu wählerischen Essern, aufdringlichen »Schoßhunden«, Simulanten, Kläffern. Fehlende Einbindung des Hundes in die Familie fördert Streunen, Aufsässigkeit, Zerstörungswut, Ungehorsam, Bissigkeit.

Kissenschlacht: Zerstörungswut ist oft die Folge von zu langem Alleinsein.

Vertrauen ist die Basis der Erziehung

Hunde brauchen Anerkennung: Sie wollen ihrem Besitzer gefallen, sie wollen ernstgenommen werden und Mitglied der Familie sein. Lob und positive Verstärkung fördern Zuwendung, Gehorsam und Bereitschaft zur Kooperation. Speziell beim Junghund sollte jede Erziehungslektion - auch wenn sie noch nicht sitzt! - mit einem Lob beendet werden.

Was für Welpen und das Ausbildungsprogramm erwachsener Hunde gilt, macht auch bei Problemhunden Sinn. Viele von ihnen haben die für das Sozialwesen Hund so wichtige Anerkennung durch den Menschen nie erfahren (oder verloren), anderen wiederum wird eine Zuwendung zuteil, die ihren Bedürfnissen nicht entspricht oder lediglich die einseitigen Bedürfnisse des Halters widerspiegelt. Für all diese Hunde sind einfühlsame Ansprache und behutsam dosierte Anerkennung lebenswichtig. Verständlich ist andererseits, daß verhaltensgestörte Hunde, die Lob und Zuwendung lange entbehren mußten, vor allem anfangs nur schwer damit umgehen können. Die folgenden Problemanalysen beschreiben Situation und Ursache, aber auch wie man selbst vermeintlich hoffnungslosen Patienten Schritt für Schritt wieder Vertrauen und Nähe vermittelt.

Beziehungskrisen

Kennt der Mensch das Verhalten seines Hundes nicht oder interpretiert er es falsch, sind Mißverständnisse die Folge. Viele Beziehungskrisen entstehen aus Nachlässigkeiten, die zu lange toleriert werden. Meist weiß man um die Problem-Situation, schafft es aber nicht, sie zu ändern. Eine Therapie bedeutet immer konsequente Arbeit mit dem vierbeinigen Schüler und auch Rückschläge. Verläuft die Krisenbewältigung nicht nach Plan, muß die Lektion oder Übung wiederholt werden, vielleicht mit anderen Lernhilfen, auf neuen Wegen oder einfach dann, wenn Sie und Ihr Hund wieder Spaß am Training haben.

Angst vor dem Alleinsein

Situation. Der alleingelassene Hund heult, winselt oder bellt fortgesetzt und/oder beschädigt die Wohnungseinrichtung.
Ursache. Für das Rudeltier Hund kommt Alleinsein einer Bestrafung gleich, weil er sich von der Gemeinschaft ausgeschlossen fühlt. Alleinsein kann ihm aber auch Angst machen, weil er glaubt, für immer alleingelasssen worden zu sein. Dahinter steckt häufig fehlendes Vertrauen zum Besitzer. Sein Heulen soll die Gemeinschaft wieder herstellen (Stimmfühlungslaut). Alleingelassene Hunde entwickeln auch oft eine erhebliche Zerstörungswut.
Abhilfe. Mit einem behutsamen Training der kleinen Schritte läßt sich das Vertrauen des Hundes zu seinem Besitzer am leichtesten stärken: Den Hund anfangs nur kurz (etwa eine Minute) in einem Raum alleinlassen, während Sie sich in den anderen Räumen der Wohnung aufhalten. Nicht direkt vor der Tür stehenbleiben (der Hund hat feine Ohren). Heult oder bellt er, ruhig und ohne ein Wort ins Zimmer gehen, per Nackenbiß (→ Praxis Verständigen, Seiten 14/15) maßregeln. Eventuell Wurfkette oder Blechdose zur Lärmabschreckung auf den Boden werfen. Danach Zimmer sofort und ohne weitere Kontaktaufnahme verlassen.
Später die Trennungszeit langsam steigern, bei Rückfällen erneut verkürzen.
Unterstützende Maßnahme: Hund vor dem Alleinsein körperlich ermüden (ausgiebig spielen, toben) und füttern (satte Hunde sind schläfrig). Ablenkung kann hilfreich sein (Kauknochen, Bewachung von Tasche oder Kleidungsstück, leise Hintergrundmusik, Lieblingsspielzeug).
Empfehlung: Ohne Abschied das Haus verlassen, der Hund darf nicht merken, daß Sie weggehen. Bei der Rückkehr dafür herzlich begrüßen.
Wichtig: Welpen bis zur 16. Lebenswoche nicht länger als eine halbe Stunde alleinlassen. Für sie ist die Nähe zu ihrem Rudel lebenswichtig und persönlichkeitsbildend.
Hinweis: Therapiedauer bei Junghunden: etwa zwei bis drei Monate, bei älteren Tieren zum Teil erheblich länger mit hoher Rückfallquote.

Heulend ruft der verlassene Junghund nach seinen Menschen.

Panik im Auto

Situation. Manche Hunde winseln, zittern oder erbrechen während der Fahrt im Auto. Andere verteidigen das Auto mit Zähnen und Krallen.
Ursache. Oft ist schon die Fahrt des Welpen vom Züchter zur neuen Familie Schuld: das Schaukeln des Wagens, fremde Menschen, neue Gerüche, keine Mutter, keine Geschwister – der Angsthase ist geboren. Verliert der Hund seine Angst vor dem Auto nicht, ist sie stärker als das Vertrauen in seinen Besitzer.
Die Überwächter hingegen erklären das Auto zum Revier 1. Ordnung und verteidigen es mit allen Mitteln. Sie glauben, daß sie ihrem Besitzer damit einen Liebesdienst erweisen.
Abhilfe. Angsthasen müssen lernen, daß das Auto zu ihrem Lebensbereich gehört. Im geparkten Fahrzeug gemeinsam regelmäßig und für längere Zeit (mindestens 30 Minuten) auf der Rückbank sitzen (Hund ansprechen, streicheln, Leckerbissen, Lieblingsdecke, Spielzeug anbieten). Nach erster Gewöhnung Motor anlassen (Auto steht), später Kurzstrecken fahren, während zweite Person den Hund beruhigt. Fahrtdauer steigern.
Ablenkung für Kläffer: Kauknochen, Spielzeug, Schmusen. Kleinhunde gehören vor den Beifahrersitz (ohne Sichtkontakt nach draußen). Tip: Zweite Person dicht am Auto vorübergehen lassen, während man den Hund im Inneren beruhigt oder ablenkt. Größere Fahrten alle zwei Stunden unterbrechen (kurz spazierengehen, Wasser anbieten). Hunden, die sensibel auf das Schaukeln des Wagens reagieren, den Blick aus dem Fenster ermöglichen und eventuell vor der Fahrt Reisetabletten (vom Tierarzt) gegen Brechreiz geben. Letzte Fütterung etwa drei Stunden vor der Reise. Wasser immer bereithalten.
Stimmt das Vertrauen, werden selbst große Angsthasen bald zu angenehmen Mitfahrern. Bei Überwächtern und Kläffern sind die Erfolgsaussichten nicht so gut, da sie nicht nur ihr rollendes Revier, sondern auch den Besitzer verteidigen (eventuell eine Zeitlang nur bei Bekannten oder Freunden mitfahren lassen). Bei Extremfällen Profi-Hilfe mit Autotraining in der Hundeschule.

Fütterungsprobleme

Situation. Die hartnäckigen Ernährungsvorlieben ihres Hundes werden für viele Besitzer zu einem Dauerproblem.

Nimmt der Hund den Platz des Menschen ein, sind Rangordnungsprobleme die Folge.

Ursache. Hunde sind von Haus aus hastige Esser. Bei extremen Schlingern spielt oft Futterneid eine Rolle (Zweithund, andere Heimtiere, mangelndes Vertrauen zum Besitzer). Hinter Fütterungsproblemen verstecken sich meist auch Beziehungsprobleme. Hunde merken schnell, daß sie sich durch andauernde Verweigerung oder durch Beharren auf bestimmten Futtersorten ihren Besitzer gefügig machen können.
Abhilfe. Übergewicht ist für das Lauftier Hund gefährlich (Herz, Kreislauf, Überlastung der Gelenke). Erwachsene Tiere bei Übergewicht zweimal täglich füttern (ballaststoffreich und kalorienarm). Dabei die Gesamtmenge beibehalten. Dies verhindert den Heißhunger. Der Hund bekommt außerhalb seiner Mahlzeiten nur Leckerbissen zur Belohnung, wenn zum Beispiel sein Gehorsam in Erziehungslektionen verstärkt werden soll. Hunde betteln nicht, wenn sie nie etwas bekommen. Schlechte Esser entstehen, wenn dauernd Futter im Napf ist. Der Napf muß zügig leergeleckt werden. Wenn der Hund weggeht, wird das Futter entfernt. Futterkonkurrenz (zweiter Hund am Napf) verführt verwöhnte und schlechte Esser zu mehr Appetit.
Achtung: Futterverweigerung kann auf Zahn- und Rachenprobleme hinweisen.
Wichtig: Manche Hunde verteidigen ihren Futternapf sogar gegen den Besitzer. Dahinter steckt meist Vertrauensmangel. Grundsätzlich sollte man den Hund beim Fressen zwar nicht stören, trotzdem muß man eingreifen können, zum Beispiel, wenn dem Hund ein Knochensplitter im Rachen steckt. Deshalb schon beim Welpen den Napf ab und zu kurz wegnehmen und wieder zurückstellen. Zwischendurch streicheln und beruhigen. So registriert der Hund, daß er Ihnen vertrauen kann und sein Futter nicht in Gefahr ist. Will er beißen, mit Leckerbissen vom Napf weglocken. Dann Napf entfernen, Hund loben und Futter zurückstellen.

TIP

Die Rangordnung muß stimmen

Es fängt harmlos an und alle finden es lustig: Der Welpe schnappt nach Herrchens Hand und knurrt wie ein Großer. Für uns typisches Welpenspiel, zu dem ein Junghund oft noch ermuntert wird. Der Kleine sieht's anders: Er erkundet seinen Sozialstatus. Wer sich beißen läßt, freiwillig das Sofa räumt oder sich nicht traut, ihm den Kauknochen wegzunehmen, dem kommt in Hundeaugen keine Führungsposition zu. Mehr noch: Es ist für Hunde absolut legitim, rangniedere Rudelmitglieder zurechtzuweisen.
Der Test der Rangposition gehört zum ererbten Rollenverständnis des Hundes. Es handelt sich um kein Fehlverhalten, also bitte auch keine Strafe verhängen. Dafür aber deutlich zurechtweisen. Wenden Sie in solchen Fällen am besten den »Nackenbiß« an: Die Hand greift (»beißt«) den Welpen blitzschnell im Nackenbereich, gleichzeitig erfolgt ein energisches »Nein!« oder »Pfui!«. Der Hund wird sich hinlegen und unterwerfen. Nur selten anwenden, damit die erzieherische Wirkung nicht abstumpft. Ebenfalls wirksam: trotz Gegenwehr mindestens eine halbe Minute eine Lefze festhalten.

Streß mit Schauspielern

Situation. Plötzliches Humpeln, wenn man bei Regen vor die Tür soll; Zittern am ganzen Körper, Winseln, schleppende Bewegung, wenn ein Tierarztbesuch ansteht; fast epileptische Anfälle, um Aufmerksamkeit zu erregen.

Checkliste
Wunschzettel eines Hundes

1 **Abwechslung und Aufregung**
Die unbekannte Stadt, eine andere Route fürs Gassigehen (manchmal tut`s schon die andere Straßenseite), aufregende Hundebekanntschaften, neue Gerüche und Geräusche: Ein Hund, der viel erlebt, ist ein glücklicher Hund. Und einer, der immer und überall mit Begeisterung dabei ist.

2 **Schnuppervergnügen**
Wer glaubt, für seinen Hund sei zügellose Bewegung das einzig Wahre, irrt gewaltig. Ein Hund braucht auch Zeit, die Welt ausgiebig mit der Nase erkunden zu können. Er »liest« damit tausend wichtige Nachrichten. Hunde, die immer neben Herrchens Fahrrad joggen müssen, sind jedenfalls arme Hunde.

3 **Spielspaß**
Das Spiel hat für Hunde in jedem Alter zentrale Bedeutung. Sie können sich austoben, ihre Kräfte messen, die Fitneß testen. Und im gemeinsamen Spiel mit Herrchen das Band der Harmonie festigen.

Ursache. Manche Hunde haben gelernt, daß Schauspielern zum Erfolg führt. Die gewünschte Reaktion folgt meist sofort (Verzicht auf ursprüngliche Forderung, Streicheln, Leckerbissen) und bestätigt ihr Rollenspiel.
Abhilfe. Schauspieler, die man nicht beachtet, geben ihren Beruf auf. Lassen Sie zur Sicherheit Ihren Hund vom Tierarzt untersuchen. Ist er gesund, fällt es leichter, hart zu bleiben. Loben Sie ihn immer dann, wenn er sich wieder völlig beruhigt hat.
Hinweis: Bei Nichtbeachtung der schauspielerischen Darbietung gute Erfolgsaussicht.

Gefährliche Trauer
Situation. Der Hund verliert seinen Besitzer (Krankheit, Verbot der Tierhaltung, Tod). Er reagiert mit Verweigerung, wird apathisch und frißt kaum mehr.
Ursache. Der Verlust ihres Herrn bedeutet für viele Hunde den Untergang ihrer Welt. Die Hierarchie ist aufgelöst, das Sicherheit bietende Rudel gibt es nicht mehr.
Abhilfe. Der Hund braucht viel Zuwendung und Beschäftigung. Gehen Sie mit ihm zu neuen Spazierwegen und dorthin, wo er Hundebekanntschaften machen kann.
Apathie kann zur Selbstaufgabe führen. Nimmt der Hund keine Nahrung zu sich (Futterneid testen und anderen Hund an den Napf setzen), sollte er in fremde Umgebung übersiedeln, die ihn nicht ständig an seinen Besitzer erinnert.
Hinweis: Wer dem Hund geduldig und immer wieder attraktive Mitmach-Angebote offeriert, hat meist bald gewonnen. Erwachen die Lebensgeister erst einmal wieder, ist die Gefahr eines Rückfalls sehr gering.

Sind Streuner unverbesserlich?

Situation. Der Hund nimmt jede Gelegenheit wahr, um auszubüxen. Streunende Hunde gefährden sich und andere.
Ursache. Besonders tief sitzt die Leidenschaft fürs Streunen bei Jagdhunden. Auch große Hunde können zum Streunen neigen, wenn ihr Bewegungsdrang nicht befriedigt wird. Oft streunen aber auch Hunde, die sich langweilen und wenig Zuwendung haben, ebenso läufige Hündinnen und liebestolle Rüden.
Abhilfe. Machen Sie den Garten bzw. den Zaun ausbruchsicher. Widmen Sie sich Ihrem Hund mit gezielten Spielen. Stellen Sie ihm Bewachungsaufgaben im Haus, geben Sie ihm Spielzeug und Kauknochen. Schon den Junghund trainieren (anfangs an langer Leine): Einmal rufen, dann weggehen, hinter einen Baum stellen oder sich kleinmachen (Hocke). Nie hinterherlaufen! Lassen Sie Ihren Hund im Wald am besten nie frei laufen.
Gegen den Ruf der Liebe helfen Leinenpflicht und geschlossene Haustür. Empfehlung: Kastration. Bei der Hündin entfallen damit Läufigkeit, Streunen, Blutverlust, Scheinträchtigkeit. Die Kastration des Rüden ist allerdings umstritten (eventuell Charakterveränderung).
Achtung: Bleibt der Hund im Wald verschwunden, informieren Sie den Förster, suchen Sie die üblichen Spazierwege ab und legen Sie einen vertrauten Gegenstand aus (Pullover, Decke).

Schluß mit dem Aufreiten!

Situation. Oft nutzen Rüden jede Gelegenheit, um am Bein des Menschen aufzureiten.
Ursache. Rüden, die isoliert aufgezogen wurden, sind sexuell häufig fehlfixiert und haben Angst vor Hündinnen. Das Aufreiten am Bein des Menschen ist aber auch eine Machtdemonstration: Der Rüde betrachtet den Menschen als rangniedriger. In der Kommunikation von Hunden untereinander kann Aufreiten auch ohne sexuelle Bedeutung auftreten. Es dient dann in der Regel zur Provokation eines Gegners (aggressives Verhaltensmuster).
Abhilfe. Mit ärgerlichem »Pfui!« oder »Nein!« sich abrupt abwenden, den Hund durch Spiel ablenken oder im Raum allein lassen. Den aufreitenden Hund nicht abschütteln (fordert nur zu heftigerer Aktion heraus). Tadeln sollte nur die betroffene Person. Wenn ein anderer den Hund wegzieht, zeigt sich der Betroffene in den Augen des Hundes als schwach.

Wenn Rüden am Bein des Menschen aufreiten, ist dies eine eindeutige Dominanzgeste.

Die häufigsten Fehler in der Welpenerziehung

Häufig genug erhalten Junghunde gar keine Erziehung, was meist nichts mit Vernachlässigung seitens des Halters zu tun hat. Beim Welpen trügt vielmehr der Schein. Schlafen, Spielen und Fressen - andere Interessen gibt es für ihn offensichtlich noch nicht. Eine Einschätzung, die die Wirklichkeit verkennt: Spätestens ab der sechsten Lebenswoche verläuft die Entwicklung des Welpen geradezu stürmisch. Versäumt man es, ihm jetzt Anregung, Entwicklungs- und Motivationshilfe zu geben, gefährdet man die zukünftige Partnerschaft.

Die Entwicklungsphasen des Welpen

✔ 3. bis 6. Lebenswoche: Frühe Sozialisierung im Umgang mit den Wurfgeschwistern, die ausschließliche Bindung an die Mutter besteht nicht mehr. Das Sehvermögen wird besser (die Augen sind bereits seit der 2. bzw. 3. Woche offen), die Ohren öffnen sich. Erste Milchzähne: Umstellung von reiner Milchernährung auf Brei.

✔ 6. bis 10. Lebenswoche: Beginnende Erkundung der Umwelt, frühe Rangspiele mit den Geschwistern. Welpe folgt der Geruchsspur zur Toilettenecke (Hemmung, das Ruhelager zu verunreinigen). Die Mutter verläßt die Wurfkiste öfter und länger (Entwöhnung). Etwa bis zur 7. Woche laufen Welpen auf den Menschen zu, ab der 8. Woche eventuell Verhaltensumkehr und Distanz (speziell gegenüber Fremden).

✔ Schon vor der 10. Lebenswoche beginnt der Welpe seine Fähigkeiten und Fertigkeiten auszuprobieren. Beiß- und Knabberversuche frühzeitig unterbinden.

✔ 10. bis 20. Lebenswoche: Lernphase. Der Welpe ist jetzt besonders empfänglich für Außenreize aller Art (Grundschulalter).

✔ Ab der 8. bis 12. Lebenswoche: Früherziehung zur Stubenreinheit, Vertrautmachen mit Halsband und Leine, Zuweisung des Ruhelagers.

✔ Ab der 12. Lebenswoche: Beginn mit spielerischen Übungen zum Grundgehorsam (»Sitz!«, »Platz!«, »Fuß!«, »Komm!«).

✔ Geschlechtsreife (je nach Rasse 7. bis 9. Monat bei Hündinnen, 9. bis 12. bei Rüden): Ende der Welpenzeit. Bei einzelnen Rassen reifen bestimmte Instinkte (Verteidigungs- und Schutzverhalten) oft erst nach zwei bis drei Jahren.

✔ Zur Zeit der Geschlechtsreife werden manche Hunde deutlich launenhafter, zeigen Bereitschaft zum Streunen, verweigern den Gehorsam oder reagieren überängstlich. Ihren Besitzern verlangt diese Phase viel Aufmerksamkeit, Zuwendung und vor allem Konsequenz ab.

Die kleinen Jugendsünden

Situation. In Schuhe und Strümpfe zwicken, an der Hose zerren, beißen, alle Welt abschlecken, bei jedem aufreiten, Hühner und Katzen jagen: Das Sündenregister des Junghunds ist lang.

Ursache. Der junge Hund sucht Anerkennung, er will dazugehören und seine Rangposition in der neuen Gemeinschaft finden.

Knabberverbot: Schon der Welpe muß lernen, was für ihn tabu ist.

»Schlechtes Gewissen«: Der Boxermischling weiß, daß er im Bett nichts zu suchen hat.

Abhilfe. Neugier und Tatendurst darf man nicht bestrafen! Trotzdem muß ein Welpe behutsam und konsequent angeleitet werden, damit er nicht zum Problemhund wird. Legen Sie genau fest, wer Erziehung, Fütterung und Pflege übernimmt. Welpen wissen nämlich schnell, wer in der Familie besonders nachgiebig ist.

✔ Beißspiele: Bisse in Hände, Beine, Hosen und Schuhe sind tabu! Abwehren wird jedoch eher als Aufforderung zum Weitermachen verstanden und körperliche Züchtigung kann Zerstörungswut oder Abwehraggressivität auslösen. Stattdessen Aktivität auf Spielsachen mit hohem »Kauwert« lenken (lindert auch die Schmerzen beim Zahnen).

✔ Spaß am Jagen: Ob Federvieh oder Katze - junge Hunde rennen hinterher. Freut sich der Mensch darüber, fühlt sich der Hund bestätigt und wird zum Wiederholungstäter. Irgendwann schlägt der Spaß in Jagdernst um. Daher möglichst beim Startversuch zur Verfolgung stoppen. Angeleinter Hund: kurz und kräftig rucken und mit energischem »Nein!« maßregeln. Nie an Leine zurückziehen, sonst verknüpft er Rückkehr und Tadel. Freilaufend: Nackenbiß (→ Seite 15) und »Nein!«. Ist der Hund schon weg, nie hinterherlaufen, auch nicht schreien. In Gegenrichtung weggehen oder hinter einem Baum verstecken. Rückkehrenden Hund freudig begrüßen, nicht schimpfen.

✔ Ablecken: Eine Freundschafts- und Demutsgeste, die nicht jeder mag. Reduzieren Sie Zärt-

TIP

Erfolg durch Ablenkung

Bereitwilliger als erwachsene Hunde lassen sich Welpen ablenken. Während leichte Ablenkbarkeit (Verführbarkeit) beim Gehorsamstraining eher unerwünscht ist, bringt sie in Problemfällen Vorteile: Häufig stellen Welpen angesichts eines reizvollen neuen Angebots ihr Fehlverhalten ein, anfangs vorübergehend, bei regelmäßiger Wiederholung meist auf Dauer. Wichtig: Ablenkungsanreiz besteht nur, wenn die Konkurrenzsituation gleichzeitig zum Problemverhalten angeboten wird. Zeitversetzt hat sie gegenteiligen (Belohnungs-)Effekt.
✔ Kläffen: Ablenken durch Kauknochen, Beißringe, Spiel, Such- und Bringaufträge.
✔ Unsauberkeit: Bewachen von Gegenständen, am Ruheplatz befestigtes Lieblingsspielzeug (Lager wird so gut wie nie beschmutzt).
✔ Beißen: alternative Kau- und Beißhilfen anbieten.

lichkeiten auf ein verträgliches Maß, ohne den Hund zurückzuweisen.
✔ Aufreiten: Schon Junghunde nutzen den Klammergriff am Bein zur Machtdemonstration (→ Seite 37). Ablenkung und regelmäßiger Umgang mit Artgenossen bringen Besserung.
✔ Betteln: Mahlzeiten nur im Napf, nie vom Tisch!
Hinweis: Streicheleinheiten als Lob und zur Belohnung machen nur Sinn, wenn man sie nicht ständig einsetzt. Noch sparsamer mit Tadel umgehen (→ auch Praxis-Seiten 14/15).

Angst macht Welpen krank

Situation. Zurückhaltung in fremder Umgebung und vor unbekannten Menschen erspart Welpen unangenehme Erfahrungen. Zuviel Vorsicht behindert jedoch ihre Entwicklung. Resultat: kontaktscheue, wehleidige Tiere und Angstbeißer.
Ursache. Traumatische Erlebnisse (Beißerei, Spritze beim Tierarzt, Lärm, Sturz auf der Treppe), übermäßige Fürsorge des Menschen, Angstübertragung durch Hundemutter oder Halter.
Abhilfe. Böse Zwischenfälle im Welpenalter können das ganze Leben prägen. Deshalb ist es wichtig, die ehemals angstauslösende Situation nicht total zu meiden, sondern dem Welpen die Möglichkeit zu geben, neue, positive Erfahrungen zu machen.
✔ Beißerei: Der gebissene Welpe braucht umgehend wieder Kontakt mit Artgenossen, möglichst auch mit Tieren der Rasse des Beißers. Nur so lernt er, daß nicht alle Hunde böse sind.
✔ Tierarzt: Besuch außerhalb der Sprechstunde (leeres Wartezimmer) festlegen, wo der Hund den Arzt ohne Streß kennenlernen kann.
✔ Lärm: An Silvester Welpen nicht alleinlassen. Streicheln und ablenken, aber nie Mitleid zeigen. Training gegen Lärmangst: gezielt Geräusche (anfangs leise, später laute und schrille) erzeugen, unmittelbar danach belohnen. Die Verknüpfung von Lärm und Belohnung stoppt Panikreaktionen relativ rasch.
✔ Treppenangst: Nie Hund mit Gewalt auf die Treppe zerren. Immer vorausgehen und locken, eventuell Leckerbissen auf die Stufen legen.
✔ Übermäßiges Verhätscheln: Nur in unmittelbarer Nähe ihres Menschen fühlen sich diese Tiere stark (Kläffer, Angstbeißer). Erlauben Sie schon Welpen freien Umgang mit Artgenossen. Auch wenn manche Hundebegegnung ruppig aussieht, in 99 von 100 Fällen ist alles harmlos! Bislang extrem behütete Hunde machen oft von ihrer neuen Freiheit keinen Gebrauch und

verstecken sich hinter ihrem Herrn. Grund: Übertragungsangst. Die Hunde spüren, daß ihr Besitzer Angst um sie hat. Erst wenn er diese abgelegt hat, entwickeln auch die Hunde Selbstbewußtsein.

Was tun gegen Unsauberkeit?

Situation. Welpe wird trotz aller Bemühung nicht sauber oder vergißt die anerzogene Stubenreinheit wieder (→ Stubenreinheit, Seite 45).

Ursache. Falls keine organische Ursache vorliegt (bei anhaltender Unreinheit Hund unbedingt vom Tierarzt untersuchen lassen), können mehrere Ursachen dahinterstecken:

✔ Protest: Ernährungsumstellung, Eifersucht, häufige Abwesenheit des Halters, veränderter Tagesrhythmus, ständige Störungen während der Ruhezeiten, fehlende Zuwendung.

Ängstlich nähert sich der Kromfohrländer-Welpe dem großen Rottweiler.

✔ Streß: Unruhe und Lärm in Haus und Familie, Wechsel in fremde Wohnung oder Umgebung, Heimtier-Konkurrenz.

✔ Totale Unterwerfung (gegenüber Menschen oder Artgenossen): Der Hund setzt meist tröpfchenweise Harn ab. Ähnlich bei großer Aufregung oder Wiedersehensfreude.

Abhilfe. Bei Protest Ursachen beseitigen: geregelter Tagesablauf, gemeinsame Aktivitäten. Ein neues Familienmitglied muß die Gunst des Hundes in kleinen Schritten erobern (Gassigehen, Fellpflege, Füttern). Kommt ein Baby ins Haus, dem Hund mehr Zeit widmen als zuvor. Streß erträgt ein Hund besser, wenn er sich der

Zuneigung des Besitzers sicher sein kann.
Neue Situationen, Kontakt mit fremden Menschen und Hunden fördern das Selbstbewußtsein unterwürfiger Tiere.
Hunde, die sich beim Wiedersehen vor Begeisterung vergessen, erst begrüßen, wenn sie sich nach »Sitz!« oder »Platz!« beruhigt haben.

Der Kampf mit der Leine

Situation. Nicht wenige Hunde lehnen sich gegen die Leine auf. Jeder Spaziergang wird dann zum Kraftakt für den Besitzer.
Ursache. Keine, mangelhafte oder zu späte Ausbildung zur Leinenführigkeit.
Abhilfe. Zuerst nur Halsband anlegen, täglich mehrfach wiederholen. Streicheln, nie schimpfen. Bei den ersten Spaziergängen darauf achten, daß der Hund weder mit der Leine spielt noch auf ihr kaut. Allmählich durch Motivation (Leckerbissen) und Klopfen ans Bein (»Komm!«) Tempo und Richtung bestimmen. Zieht er zu stark, stehenbleiben. Die Leinenlänge signalisiert dem Hund Ihre Wünsche. Kurze Leine: bei Fuß gehen. Lange Leine: Hund darf nach Herzenslust schnüffeln. Flexi-Leinen eignen sich nicht zur Ausbildung, weil die Abrolltechnik die direkte Einwirkung auf den Hund erschwert. Manche Hunde zerren so stark an der Leine, daß sie sich fast strangulieren. Zumindest zeitweise spezielle Rückhaltesysteme (zum Beispiel »Halti«) verwenden.

Mit Dieben hat man's schwer

Situation. Sie stehlen alles, was eßbar ist, was Herrchen gehört oder nach ihm riecht.
Ursache. Die Lust am Schuh- oder Pulloverklauen reicht in die ersten Welpentage zurück, wo Spielen und Verschleppen noch gestattet wurde. Futterdiebe sind meist Gelegenheitsdiebe.
Abhilfe. Die abgelegten Schuhe sind erlaubt, die neuen Slipper aber nicht: Wie soll ein Hund

Die Gewöhnung an Halsband und Leine gehört zur Früherziehung.

da klarkommen? Für den Welpen müssen alle persönlichen Dinge des Besitzers tabu sein, sonst ist die Klau-Aktion vorprogrammiert. Neutrale Ersatzangebote helfen wenig, weil nur das zählt, was Herrchen gehört.
Wurst-, Käse- und Kuchendieben möglichst keine Gelegenheit geben, Lebensmittel abdecken oder wegschließen. Wem dies zuviel Mühe macht, der testet die »Schrecktherapie«: Leckerbissen, an dem leere Konservendose befestigt ist, am Tischrand plazieren. Schnappt der Hund danach, fällt die Büchse scheppernd zu Boden. Der Mensch muß unsichtbar bleiben, damit der Hund die Aktion nicht mit ihm verknüpft (→ Praxis Jugendsünden, Seiten 44/45).

Das Rudeltier Hund muß erst lernen, zeitweise allein zu sein.

PRAXIS JUGENDSÜNDEN

Angstbeißer und Hasenfuß
Besitzer, die ihren Junghund übermäßig beschützen, haben bald einen Angstbeißer zum Partner, der in ihrer Gegenwart gegen jeden aggressiv reagiert, ohne Beschützer aber ein Hasenfuß ist. Lassen Sie den Welpen von der Leine, wo immer es möglich ist (Grundimpfung vorausgesetzt!). Erwachsene Hunde sind fast ausnahmslos selbst frechen Junghunden gegenüber tolerant. Darüber hinaus ist die Zurechtweisung durch Artgenossen ein wichtiges Erziehungsmittel.

Alleinbleiben ohne Jaulen!
Den Welpen mehrmals am Tag alleinlassen, aber stets nur für Minuten. Am besten gleich nach einem längeren Spaziergang. Verhält er sich still, bei der Rückkehr ausgiebig loben und Abwesenheit langsam ausdehnen. Wenn er jault, zur Tür hereinstürzen, mit »Aus!« oder »Sitz!« tadeln und wieder weggehen. Zur Beruhigung: Vor dem Weggehen füttern, Lieblingsspielzeug (als Belohnung nur zu bestimmten Zeiten), leise Radiomusik, Wärmflasche unter seiner Schlafdecke.

Achtung: Von der 7. bis 8. Lebenswoche an meiden Welpen manchmal fremde Personen. Den Trend zur Distanz auf keinen Fall fördern.

Gelegenheit macht Diebe
Auch Junghunde stehlen meist aus Langeweile oder weil sie an allem teilhaben wollen, was die Familie macht. Gegen Langeweile helfen Alternativangebote: Sport, Spiel und Kombinationsaufgaben.

Zielsicher strebt der Kleine ein Versteck für seine »Beute« an.

Zerren an der Leine
Welpen, die an der Leine zerren, wollen möglichst schnell an besonders interessante Plätze. Je mehr der Besitzer am anderen Leinenende bremst, desto mehr strengt sich sein Hund an. Wirksame Therapie: Bei übermäßigem Zerren sofort stehenbleiben. Erst weitergehen, wenn der Hund registriert, daß Zerren nicht den gewünschten Erfolg bringt. Regelmäßig wiederholen. Wichtig: Der Welpe muß sich möglichst oft austoben können. Umso bereitwilliger geht er danach an der Leine.

Nicht an der Leine zurückziehen. Nur weitergehen, wenn der Welpe locker läßt.

Möglichst keine Gelegenheit zum Diebstahl geben. Pullover-, Strumpf- und Schuhdieben geht es meist mehr um Aufmerksamkeit. Auch Ausschimpfen ist für sie eine Form der Zuwendung und daher als Therapie ungeeignet. »Täter« auf frischer Tat ertappen und mit Spiel, Schmusen oder Bewachungsauftrag ablenken. Nie im Beisein des Welpen nach verschwundenen Sachen suchen. Er findet die Aufregung toll und stiehlt wieder.

Welpenbisse sind schmerzhaft
Kau-Spielzeug (bißfester Gummi, eventuell mit Quietschgeräuschen, darf nicht verschluckt werden können) lenkt Welpen vom

In Hände, Beine, Fersen zwicken muß von Anfang an tabu sein.

Beißen in Hände und Beine ab. Mit »Nein!« maßregeln, Welpen nicht abschütteln, da dies nur als Spielaufforderung betrachtet wird. Anfangs Schuhe und ähnliches wegräumen. Hartnäckige Beißer mit Wasserpistole bespritzen.

Wenn es schon passiert ist, den Welpen nicht schimpfen.

Stubenreinheit nach Programm
Haus und Wohnung sind für den Welpen als Toilettenplatz anfangs kein Tabu. Sie müssen ihm den Weg nach draußen erst zeigen. Nach jeder Futter- und Schlafzeit sofort vor die Tür tragen (immer die gleiche Tür ins Freie benutzen). Meist wird der Welpe vorher unruhig. Abseits gelegenen Toilettenplatz wählen. Anfangs an dieser Stelle seinen eigenen Kot auslegen.
Junghunde vergessen sich vor Aufregung (Wiedersehensfreude, Hundebegegnung). Besserung tritt hier mit der Geschlechtsreife ein. Ansonsten den Hund bei Begrüßung solange nicht beachten, bis er sich beruhigt hat, dann streicheln.

Zärtlichkeitsbeweis ohne Ablecken
Übermäßiges Abschlecken behutsam reduzieren. Zeigt sich der Mensch aktiv, hält der Hund still und genießt. Beim Streicheln mit einer Hand sanft auf den Rücken drücken, wenn der Hund hochspringen oder das Gesicht ablecken will. »Sitz!« befehlen und erst streicheln, wenn er sich beruhigt hat. Nach kurzer Zeit verknüpft er gesittetes Verhalten mit Zärtlichkeit. Ungeeignet: hochspringenden Hund mit dem Knie wegdrücken oder auf die Pfoten treten.

Dem Welpen das Ins-Gesicht-springen und Abschlecken frühzeitig abgewöhnen.

Probleme mit der Hundenatur

Der Hund ist ein Lauftier. Der Hund fügt sich gerne in eine Gemeinschaft ein, testet aber stets zuerst die Rangordnung. Der Hund ist ein Jäger und verfolgt Tiere, die vor ihm die Flucht ergreifen. Der Hund verteidigt sein Revier und beschützt Rudelmitglieder. Der Hund hat feste Vorstellungen von der Liebe und davon, wie man Artgenossen imponiert oder ihnen den Marsch bläst. Das alles ist der Hund. Aber er ist auch ein aufmerksamer und lernfähiger Partner des Menschen, der sein Verhalten der Situation anpassen kann. Irgendwo zwischen Beharren auf seiner Natur und der Integration ins Familienleben liegt die Hunde-Wirklichkeit. Wie weit das Pendel zum einen oder anderen Extrem ausschlägt, hängt von beiderseitigen Ansprüchen, gegenseitigem Verständnis und von der Rassezugehörigkeit ab.

Welche Rasse paßt zu Ihnen?

Es gibt über 400 Hunderassen. Sie unterscheiden sich in Körperbau, Fellfarbe, Fellstruktur, aber auch in Charakter und Temperament: Jede Rasse bringt typische Wesensmerkmale mit in die Partnerbeziehung zum Menschen.

Die ersten wichtigen Schnupperbesuche bei Mutterhündin und Welpen (ab der 4. Lebenswoche) zeigen schon, wer von den Kleinen zum Boß geboren wurde, wer zurückhaltend und scheu ist (→ Auswahl des Welpen, Seite 28). Rassespezifische Eigenheiten können Sie allerdings jetzt noch nicht erkennen. Dazu sollten Sie vor dem Welpenkauf folgendes tun:

✔ Lassen Sie sich von einem unabhängigen Fachmann (guter Ausbilder für alle Rassen) beraten. Er darf kein Interesse am Verkauf eines bestimmten Hundes haben. Stellen Sie eine Negativ-/Positiv-Liste zusammen (Was erwarten Sie von dem Hund? Was wäre Ihnen lästig?).

✔ Informieren Sie sich in der Fachliteratur, in Fachzeitschriften oder bei Rassevereinen.

✔ Nehmen Sie mit einem Tierarzt Kontakt auf. Er kann Ihnen zu Haltung und Pflege der speziellen Rasse und für die ersten Wochen mit dem Welpen wertvolle Anregungen geben.

Keine Schonzeit für Jäger

Situation. Sobald der Hund ein Wildtier wittert oder Nachbars Katze sieht, ist er nicht mehr zu bremsen. Die Folgen: Ärger mit Nachbarn und Forstbeamten. Streunt der Hund im Wald, hat der Jäger das Recht, ihn zu erschießen!

Ursache. Mit etwa sechs Monaten erwacht beim Hund der Jagdtrieb. Speziell mit Jagdhunden, aber auch mit Laufhundrassen kann es Probleme geben. Hunde jagen und streunen aber auch aus Langeweile (→ Seite 37).

Abhilfe. Bei Hunden mit ererbter Jagdpassion müssen Sie Ihren Führungsanspruch frühzeitig, das heißt vor dem sechsten Lebensmonat, durch eine konsequente Grunderziehung festigen. Erwachsenen Jägern bietet man mit Sport und

Der Bernhardiner besitzt einen ausgeprägten Wach- und Schutzinstinkt.

Ein Jagdhund wie der Münsterländer gehört in die Hände eines Fachmanns (Jäger).

Spiel abseits ihres Jagdgebietes Abwechslung und Ventil für aufgestaute Energie. Kombinations- und Versteckspiele stärken den Gehorsam und wecken in Ihrem Hund neue Interessen.

Anti-Jagderziehung:

✔ Immer wenn der Hund zur Verfolgung eines Tieres ansetzt und Ihr »Halt!« keine Wirkung zeigt, verstecken Sie sich schnell hinter einem Baum. Der Hund bleibt bald an Ihrer Seite, weil er Angst hat, plötzlich alleine zu sein.

✔ Mit Beuteattrappe am Seil gezielt den Jagdtrieb auslösen. Jedes Zögern und freiwillige Zurückkommen belohnen. Zeitgleich ein attraktives Ablenkungsangebot machen (Ballspiel).

Eine konsequente Erziehung brauchen vor allem Beagle, Foxterrier, Husky, Irish Setter.

Hinweis: Bei Junghunden sind die Erfolgsaussichten einer Anti-Jagderziehung gut, bei älteren Tieren sitzt die Leidenschaft oft so tief, daß Wiederholungstäter fast die Regel sind. Bei Jagdhundrassen, Afghane und Barsoi (Hetzjäger) richten Therapieversuche nichts aus. Auslauf ohne Leine ist bei diesen Hunden kaum möglich.

Überwächter

Situation. Der Hund verteidigt Wohnung, Haus und Garten gegen jedermann, oft selbst in Gegenwart seines Besitzers.

Ursache. Territoriales Verhalten ist Hunden angeboren. Normalerweise entscheidet der Hundehalter, welche Besucher willkommen sind. Hunde übernehmen diese Rolle, wenn der Hal-

ter keine Führungsqualitäten zeigt, oder wenn sie in Abwesenheit ihres Herrn allein entscheiden müssen. Überwächter können auch Hunde sein, die kein Revier 1. Ordnung (eigener Schlaf- und Ruheplatz) besitzen.
Abhilfe. Stimmt die Rangordnung, genügt ein »Aus!«, um den Hund zurückzurufen. Zeigen Sie ihm, daß der Besuch willkommen ist. Lassen Sie einen Hund mit starkem Wachinstinkt (Deutscher Schäferhund, Dobermann, Terrier, Spitz, Dogge, Rottweiler) nicht unbeaufsichtigt im Garten. Speziell Wachhunde brauchen ein Revier 1. Ordnung, sonst verteidigen sie Haus und Garten wie ihren Eigenbezirk.
Hinweis: Gibt es keine Gehorsamsprobleme und ist der Besitzer nicht insgeheim stolz auf seinen Wachhund (Hunde registrieren auch unbewußte Wünsche), läßt sich das Revierverhalten in akzeptable Bahnen lenken. Ganz aufgeben wird der Hund seine Wächterfunktion jedoch nicht.

Türhüter: Übereifrige und oft lautstarke Wächter schrecken jeden Besucher ab.

Ist Ihr Hund der Boß?

Situation. Alles dreht sich um den Hund, jeder Wunsch wird ihm erfüllt. Anfangs aus Liebe, später oft aus Angst, weil er seinen Forderungen knurrend und beißend Nachdruck verleiht.
Ursache. Hunde legen Ihre Nachgiebigkeit als Schwäche aus und übernehmen selbst die Leitposition.
Abhilfe. Der Hund fühlt sich nur in einer eindeutigen Rangposition innerhalb der Familie wohl, er braucht eine klare Struktur von Befehl, Gehorsam und Konsequenz. Rassen, die gerne den Boß spielen: Akita-Inu, Basenji, Chow-Chow, Dobermann, Rottweiler.
Wer mit seinem Hund überhaupt nicht mehr klarkommt, sollte eine Hundeschule besuchen. Bei Rangordnungsproblemen empfiehlt sich eine Ausbildung, bei der die Anwesenheit des Besitzers vorausgesetzt wird (→ Erziehung nach Programm, Seite 29).

Folgen der Eifersucht

Situation. Ein Baby ist da oder ein neuer Lebensgefährte zieht ein. Das führt zwangsläufig zur Veränderung der Familienstruktur. Zuwendung und Zärtlichkeiten werden neu verteilt. Der Familienhund wird plötzlich zur Randfigur.
Ursache. Auch Hunde scheinen das zu kennen, was dem Menschen als Eifersucht oft genug das Leben schwermacht. Anerkennung und Bestätigung ist für den Hund lebenswichtig. Vor allem Tiere, die bislang verwöhnt und verhätschelt wurden, reagieren auf (tatsächlichen oder vermeintlichen) Entzug der Zuwendung je nach Naturell mit beleidigtem Rückzug, mit Verweigerung oder Agressivität.
Abhilfe. Wird ein Baby erwartet, darf der Hund nicht ausgegrenzt werden: Zeigen Sie ihm schon vor dem freudigen Ereignis das Kinder-

Kennen Sie Ihren Hund?

Rasse	Bewegung	Beschäftigung	Temperament	Eignung für
Afghane	viel	mittel	ruhig	Experte
Airedale-Terrier	viel	viel	aktiv	Kenner
Beagle	mittel	mittel	aktiv	Anfänger
Berner Sennenhund	mittel	mittel	ruhig	Kenner
Bernhardiner	wenig	wenig	ruhig	Experte
Bobtail	mittel	mittel	ruhig	Anfänger
Boxer	mittel	viel	aktiv	Kenner
Chihuahua	wenig	wenig	mittel	Anfänger
Chow-Chow	wenig	wenig	ruhig	Experte
Cocker	mittel	mittel	aktiv	Anfänger
Dackel	mittel	mittel	mittel	Anfänger
Dalmatiner	viel	mittel	ruhig	Anfänger
Deutscher Schäferhund	viel	viel	mittel	Kenner
Dobermann	viel	viel	aktiv	Experte
Dogge	mittel	wenig	ruhig	Experte
Foxterrier	mittel	viel	aktiv	Kenner
Golden Retriever	mittel	mittel	mittel	Anfänger
Hovawart	mittel	mittel	ruhig	Kenner
Husky	viel	mittel	aktiv	Experte
Kuvasz	mittel	wenig	mittel	Experte
Labrador Retriever	mittel	mittel	mittel	Anfänger
Mittelschnauzer	mittel	mittel	mittel	Kenner
Mops	wenig	mittel	ruhig	Anfänger
Neufundländer	wenig	wenig	ruhig	Kenner
Pekingese	wenig	wenig	mittel	Kenner
Pudel	mittel	viel	aktiv	Anfänger
Rottweiler	mittel	mittel	ruhig	Experte
Spitz	wenig	viel	aktiv	Anfänger
West Highland	wenig	mittel	aktiv	Anfänger
Yorkshire	wenig	wenig	aktiv	Anfänger

zimmer und stellen Sie ihm das Baby bereits am ersten Tag vor. Verhält der Hund sich ablehnend, nie wegsperren (verschlimmert Eifersüchteleien nur), sondern in Gegenwart des Kindes beschäftigen, füttern und streicheln (eventuell anfangs angeleint). Schenken Sie dem Hund so viele Streicheleinheiten wie vorher und behalten Sie alle Gemeinschaftsaktionen bei.
Ein neuer Lebenspartner muß Schritt für Schritt das Vertrauen des Hundes gewinnen (Fütterung, Spaziergang, Fellpflege).
Unterstützende Maßnahme: Den Hund nur in Anwesenheit des neuen Familienmitglieds streicheln und sonst nicht beachten, bis er die positive Zuwendung mit dem vermeintlichen Rivalen verknüpft.

Rezept gegen »Eifersucht«: Hund und Kind von klein auf miteinander vertraut machen.

Wälzen im Dreck

Situation. Kaum hat man den Hund gebadet, wälzt er sich bei nächster Gelegenheit im nächsten Kuhfladen.
Ursache. Das Wälzen in Fladen, Mist oder verwesendem Fleisch ist eine Instinkthandlung. Damit überdeckt der Hund seinen Eigengeruch, er »parfümiert« sich. Seinen wildlebenden Verwandten erleichtert das die Jagd auf Beutetiere mit guter Nase. Zweite denkbare Erklärung: Hunde wälzen sich in toten Tieren, um dem Rudel zu zeigen, daß sie Futter gefunden haben.

Abhilfe. Möglichst schon mit leinengewöhntem Welpen trainieren: geeignete Stelle aufsuchen oder rohen Hering bzw. stark riechendes Fleisch auslegen. Beim ersten Wälzversuch stark an der Leine rucken und »Pfui!« rufen. Auch bei erwachsenen Hunden anfangs nur mit Leine üben. Erst nach mehreren Wiederholungen ohne Leine zur Pfütze führen. Ausgemachte Schmutzfinken nicht direkt nach dem Baden ins Freie lassen (am besten spätabends baden).

Was tun mit Raufbolden?

Situation. Übermäßige Aggressivität gegenüber Artgenossen kommt häufiger bei Rüden als bei Hündinnen vor.

Ursache. Fehlende Kontakte mit Artgenossen im Welpenalter, übermäßiges Beschützen durch den Halter (oft auch Übertragungsangst), übersteigertes Konkurrenzverhalten unter Rüden.

Abhilfe. Wenn möglich, Hund von der Leine lassen (mit Leinenverbindung zum Besitzer fühlt er sich stärker). Nicht auf streitende Hunde losrennen, um sie zu trennen, sonst überträgt sich Ihre Aufregung auf den Hund. Stattdessen 20 bis 30 Meter weit wegrennen. Viele Hunde fühlen sich im Stich gelassen und beenden die Konfrontation. Angeleinte Hunde aus der Reizlage bringen: Mit ihnen weggehen oder sich so wegdrehen, daß der Hund seinen Kontrahenten nicht fixieren kann (Drohverhalten). Dann sofort »Sitz!« oder »Platz! befehlen. Mit gedämpfter Stimme seine Aufmerksamkeit fesseln, Leckerbissen spendieren. Kämpfende Hunde im Notfall mit Wasser überschütten oder an den Hinterbeinen hochheben. Nicht dazwischentreten und nie auf die Tiere einschlagen (erhöht Kampfeifer).

Checkliste
Hilfe vom Profi

Die meisten Probleme mit Hunden lassen sich selbst lösen. Basis der »Heimarbeit«: Aufmerksamkeit, Verstehen, Verständnis, Geduld und Konsequenz. Hilfe von Verhaltensexperten (Tierarzt, Züchter, Hundepsychologe, Hundeschule) ist jedoch in folgenden Fällen nötig:

1 **Bei Fehlverhalten, das jahrelang akzeptiert wurde. Eigenbehandlung scheitert meist, weil die Gewohnheitsrechte bei Hund und Halter zu tief verwurzelt sind.**

2 **Bei extremen Rangordnungsproblemen. Wenn Hunde jeden Gehorsam verweigern und durch übersteigerte Aggressivität zur Gefahr werden.**

3 **Wenn Erstbesitzern vor allem im Umgang mit großen und selbstbewußten Hunden Mut und Erfahrung fehlen.**

4 **Bei selbstzerstörerischen Verhaltensweisen: Wenn Hunde Nahrung und Zuwendung verweigern (zum Beispiel aus Trauer) oder völlig verängstigt und scheu sind (zum Beispiel nach einem Schockerlebnis).**

TIP

Sport mit Hunden

Vereinssport mit Hunden: das ideale Fitneß- und Gesundheitsprogramm für Besitzer und Hund. Mehr als 100 000 Mitglieder hat allein der Deutsche Hundesportverband (dhv → Adressen, Seite 62).
Wer erst einmal reinschnuppern möchte: Von Frühjahr bis Herbst finden überall dhv-Wettkämpfe statt. Voraussetzung für Aktivitäten auf dem Vereinsplatz: Gehorsamstraining des Hundes.
Geeignet für: alle gesunden und springfreudigen Hunde ab Spanielgröße. Nicht für Hunde über 70 cm Schulterhöhe und schwere Hunde. Auch nicht für Hunde mit Skeletterkrankungen wie zum Beispiel Hüftgelenksdysplasie.

Agility
Bei Agility geht es um Körper und Köpfchen, um Fitneß und schnelles Reagieren. Hund und Halter müssen gemeinsam einen Parcours überwinden (12 bis 20 Hindernisse: Reifen, Tunnelröhre, Wippe, Tisch, Mauer, Sprünge).

Turnierhundsport
Beim Turnierhundsport gibt es folgende Wettkampfarten:
1. Vierkampf mit Gehorsamsübungen, Hürden-, Slalom-, Hindernislauf;
2. Hindernislauf-Turniere;
3. Geländelauf mit 2000 m oder 5000 m Laufstrecke;
4. Combinations-Speed-Cup mit Mannschafts-, Einzel- und Familienwettbewerben.

Langeweile tut nicht gut!

Wenn Hunde sich zu regelrechten Vandalen, nächtlichen Ruhestörern, Dauerkläffern oder überdrehten Nervtötern entwickeln, hat das oft einen einzigen Grund: Langeweile. Wer keine Beschäftigung hat, macht sich welche. Und dabei kommt man in Hundekreisen häufig genug auf dumme Gedanken. Deshalb sollte der Leithund – sprich: der Halter – die Aufgaben und Arbeiten im Familienrudel verteilen. Das jedenfalls erwartet der gehorsame Hund von seinem Boß. Mit der Aufforderung zum Gassigehen oder fünf Minuten Ballspiel ist's dabei nicht getan. Beschäftigung hält Körper und Köpfchen fit, bietet die Chance, seinem Besitzer zu Diensten zu sein und läßt auf Anerkennung und Lob hoffen.

Hunderassen richtig beschäftigen

✔ Kombinationsspiele: Dackel, Foxterrier, Eurasier, Mittelschnauzer sowie alle Begleithunderassen.
✔ Joggen, Ausdauertraining: Alle mittelgroßen, lauffreudigen Hunderassen, zum Beispiel Airedale-Terrier, Dalmatiner, Husky, Labrador und Golden Retriever.
✔ Leistungssport: Alle Dienst- und Gebrauchshunderassen, zum Beispiel Boxer, Dobermann, Deutscher Schäferhund, Rottweiler.
✔ Bewachung: Bernhardiner, Neufundländer sowie alle Dienst- und Gebrauchshunderassen, zum Beispiel Airedale-Terrier, Boxer, Deutscher Schäferhund, Dobermann, Hovawart, Rottweiler.
✔ Hüteaufgaben: Bearded Collie, Berner Sennenhund, Bobtail.

Doppelter Spaß am Sport: Bewegung hält Hund und Halter fit.

TIP

Sie verteilen die Aufgaben!

Der Welpe geht auf Entdeckungsreisen und entwickelt eigene Aktivitäten – ein wichtiger Abschnitt seiner Entwicklung. Der erwachsene Hund unternimmt in der Regel wenig oder gar nichts in eigener Regie. Nach seinem Rudelverständnis bestimmt der Rudelführer, was getan werden muß und wer welchen Job übernimmt. Die Pflicht zum Aufbau des Beschäftigungsprogramms liegt also immer beim Besitzer. Die Anpassungsbereitschaft Ihres Hundes bietet Ihnen gleichzeitig die Gewähr, daß er nahezu jede Aufgabe freudig akzeptiert.

Abwechslung macht glücklich

Der Bummel durch die City, die gemeinsame Urlaubsreise mit der Familie, Hundetreffen auf der Spielwiese, häufige Gäste im Haus: Es sind vor allem neue Situationen, die von einem Hund Aufmerksamkeit, Anpassungsfähigkeit, Toleranz, Selbstbewußtsein und die Bereitschaft zum Mitmachen fordern. Ein Tag in der Stadt ist für ihn aufregender und anstrengender (im positiven Sinn) als ein Zehn-Kilometer-Lauf neben dem Fahrrad. Hunde, von denen regelmäßig Köpfchen verlangt wird, zum Beispiel Agility-Übungen oder Turnierhundsport (→ Seite 52), sind glücklicher und ausgeglichener als diejenigen, die nur zügellos frei laufen dürfen oder monotone Dauerlaufleistungen vollbringen müssen.

Vernachlässigte Hunde

Situation. Manche nehmen kaum Notiz von ihrer Umwelt, andere »überhören« alle Befehle, sind aufsässig oder verweigern den Gehorsam.
Ursache. Hunde, die sich vernachlässigt fühlen, gehen innerlich auf Distanz. Typische Trotz- und Abwehrreaktionen: Gleichgültigkeit, Befehlsverweigerung, Zerstörungswut.
Abhilfe. Härte hilft in keinem Fall. Versuchen Sie durch attraktive Mach-Mit-Offerten, die Abwehrhaltung des Tieres aufzubrechen. Ein eventuell nötiges Gehorsamstraining hat erst Erfolg, wenn der Vierbeiner registriert, daß er wieder dazugehört.
Das beste Rezept für die Auffrischung der Gemeinschaft ist Spielen. Spielen ist für den Hund so selbstverständlich wie Schlafen und Essen. Es stärkt sein Vertrauen, er kann aufgestaute Aggressionen abreagieren, wird gefordert und fühlt sich akzeptiert (→ auch Seiten 58/59).
Auch wenn es äußere Gründe für eine Vernachlässigung Ihres Hundes gibt (fehlende Freizeit), stellen Sie doch einmal einen schriftlichen Tages- und Wochenplan auf und überprüfen Sie, bei welcher Unternehmung Ihr Hund dabei sein kann. Sie werden staunen, wieviel Sie gemeinsam unternehmen können.

***Auftragsdienst:** Die Lust am Apportieren liegt allen Hunden im Blut.*

Beschäftigung nach Programm

Beschäftigungsmöglichkeiten ★ = empfehlenswert ❍ = weniger geeignet	**im Haus**	**im Garten**	**beim Spaziergang**	**Spielwiese**	**Hundeplatz**
Verstecken und Suchen, Objekte	★	★	★	❍	★
Verstecken und Suchen, Mensch	★	★	★	❍	★
Kombinationsspiele	★	★	★	❍	★
Geruchsarbeit (Duftspur u.ä.)	❍	★	★	❍	❍
Apportieren	★	★	★	❍	★
Zugdienst vor Schlitten/Wagen	❍	❍	★	❍	❍
Bewachung von Gegenständen	★	★	❍	❍	★
Tragen von Stock, Tasche etc.	❍	❍	★	❍	❍
Agility-Sport	❍	★	❍	❍	★
Balance-Test	❍	★	★	❍	★
Ballspiele mit dem Menschen	★	★	★	❍	★
Sportspiele (Frisbee u.ä.)	❍	★	★	★	★
Auffrischung Grunderziehung	★	★	★	★	★
Trimm-Trab	❍	❍	★	❍	❍
Begleitung am Fahrrad	❍	❍	★	❍	❍
Freies Spiel mit anderen Hunden	❍	❍	★	★	★
Welpen-Grundkurs	❍	❍	❍	❍	★
Schwimmen	❍	❍	★	❍	❍

Dauerkläffer

Situation. Hunde, die dauernd bellen, nerven Besitzer und Nachbarn.
Ursache. Die Veranlagung zum Kläffen kann vererbt werden (manche Terrier- und Spitzrassen). Aber auch Erziehungsfehler sorgen für übermäßigen Stimm-Einsatz. Zum Beispiel, wenn beim Junghund das Lautgeben in bestimmten Situationen durch Belohnung gefördert wird, er aber nicht die Situation, sondern Bellen und Belohnung verknüpft. Hunde bellen auch oft aus Langeweile. Und je mehr sie bellen, desto mehr Gefallen finden sie daran. Oft verselbständigt sich auch erwünschtes Alarmbellen, und der Hund lärmt bei völlig harmlosen Anlässen. Generell steigert sich die Lust am Bellen im Alter.

Futterverweigerer: Der Streit am Napf verlangt vom Hundehalter viel Konsequenz und Ausdauer.

Abhilfe. Alleingelassene Hunde, die dauernd kläffen, brauchen Aufgaben: Lehren Sie Ihrem Hund das Kommando »Platz und bleib!« und vertrauen Sie ihm ein Objekt (Pullover, Tasche) zur Bewachung an. Alleinseinkönnen ist eine wichtige Lektion der Grunderziehung (→ auch Angst vor dem Alleinsein, Seite 33). Viele Hunde bellen, um beachtet zu werden. Selbst wenn man wütend reagiert, werten sie das als Erfolg. Ähnlich negativ wirkt sich Anschreien auch auf hypernervöse Kläffer aus: der aufgeregte Mensch stimuliert den Hund zusätzlich. Wasserstrahl oder Sichtschutzwand zwischen Garten und Straße helfen meist nur kurzfristig.
Nutzen Sie stattdessen jede Bellpause zum Lob. Befehlen Sie dem Hund während des Bellens »Platz!«. Im Liegen fühlen sich Hunde unsicherer und wollen nicht noch zusätzlich auf sich aufmerksam machen. Bieten Sie Kauknochen oder Futter an. Ein voller Mund dämpft die »Sprechlust«, ein voller Bauch macht schläfrig. Geht übermäßiges Bellen auf Fehler im Welpenalter zurück, braucht der Hund den Kontakt mit möglichst vielen Artgenossen (Spielwiese, Gemeinschaftsspaziergang). Auch in der Hundeschule lernt der Hund die Integration in ein Rudel. Kläffer werden von der Gemeinschaft nicht akzeptiert und entsprechend erzogen.

Nervenkrieg ums Futter

Situation. Obwohl ihnen das Beste angeboten wird, verweigern manche Hunde ihr Futter.
Ursache. Beim Essen bevorzugen Hunde Vertrautes. Abwechslung im Napf muß deshalb nicht sein. Futterverweigerung ist häufig mit dem Wunsch gekoppelt, die Mahlzeiten mit

dem Menschen zu teilen. Auch Tiere, die sich langweilen, verweigern die Nahrung. Für sie sind die Sorgen, die sich der Besitzer um ihre Ernährung macht, willkommene Zuwendung (→ Praxis Beschäftigen, Seite 58/59).
Abhilfe. Schon Junghunde müssen lernen, daß es feste Futterzeiten gibt (anfangs vier Portionen, später zwei oder eine pro Tag). Die Fütterung erfolgt von klein auf stets am gleichen, möglichst ruhigen Platz.
Da Essen auch für den Hund ein »kommunikatives Ereignis« ist, darf er neben dem Eßtisch sitzen, aber ohne zu betteln und ohne je einen Happen vom Tisch zu ergattern! Akzeptiert Ihr Hund eine bestimmte Futtersorte, wechseln Sie sie nur im Notfall (Krankheit, Diät, Unverträglichkeit). Bleiben Sie hart, wenn er sein Futter verweigert, weil ihm Ihr Filet in die Nase sticht.
Wichtig: Futterverweigerung kann auch ein Krankheitssymptom sein. Gehen Sie mit ihm zum Tierarzt, wenn der Hund seinen Napf mehr als 48 Stunden unberührt läßt.

Zerstörungswut

Situation. Sie zerkratzen Türen, zerfleddern Kissen, knabbern an Stuhlbeinen: Hunde mit dem hartnäckigen Drang, ihr Zuhause in Einzelteile zu zerlegen.
Ursache. Beim Welpen gehört die Beißlust ins Entwicklungsprogramm (→ Seite 38). Später versucht der Junghund durch Kauen die Schmerzen beim Zahnwechsel zu lindern. Bei erwachsenen Hunden kann hinter dem Zerstörungstrieb Trennungsangst stecken. Manchmal wird anfangs aus Langeweile geknabbert, und schon nach kurzer Zeit gehört die Kau-Aktion zum festen Repertoire.
Abhilfe. Bevor ein Hund alleingelassen wird, sollte er sich beim Gassigehen, bei Sport und Spiel austoben können. Müde und erschöpfte Hunde kommen nicht auf dumme Gedanken! Verkleinern Sie den Bewegungs- und Bewachungsraum, damit der Hund möglichst wenig Außenreize wahrnimmt (Artgenossen durchs Fenster, Geräusche von Hausflur und Treppe).
Zusätzlich bei Welpen: Ablenkung und Ersatz mit Kau-Spielzeug (Hartgummi) oder Kau-Strick. Bei erwachsenen Tieren: Kauknochen, Spielzeug, Besprühen oder Bestreichen gefährdeter Stellen mit Zitrone, Bitterstoffen oder Parfüm. Wird der Hund auf frischer Tat ertappt, hilft der Strahl aus der Wasserpistole.
Schreck-Therapie: Altes Tischbein (ersatzweise Ast), an dem oben leere Blechbüchsen befestigt sind, nur lose unter die Tischplatte klemmen. Beißt der Hund hinein, fällt es mit Getöse um. Sie sollten jedoch zuvor das Zimmer verlassen, damit der Hund die Aktion nicht mit Ihnen verknüpft.
Das »Totbeißen« von Stuhlbeinen oder Teppich ist eine sogenannte Übersprungshandlung, die durch die Panik des Alleinseins ausgelöst wird. Hier zuerst die ursächliche Trennungsangst behandeln (→ Angst vor dem Alleinsein, Seite 33).

Spielend die Langeweile vertreiben
Ein Hund mittlerer Größe (Schäferhund) braucht täglich mindestens zwei, besser drei Stunden Beschäftigung, sonst sucht er nach alternativen Betätigungsfeldern (Wühlarbeit im Garten, Beknabbern von Möbeln, fortgesetztes Betteln, nervende Aufdringlichkeit) oder wird aufsässig und ungehorsam. Im Spiel baut er Aktivitätsdefizite ab. Speziell Kombinationsaufgaben fesseln seine ganze Aufmerksamkeit.

✔ Suchen und Bringen: Ball oder Lieblingsspielzeug in der Wohnung (im Karton, hinter dem Schrank, unter dem Teppich) oder im Garten verstecken.

✔ Kombinationsaufgaben: Objekt an einem Faden mehrmals durch eine Röhre ziehen, dann in Röhrenmitte liegenlassen und Hund zum Suchen auffordern. Oder: Ball unter einer Barriere hindurchrollen. Der Hund muß einen Umweg machen, um ihn wieder zu holen.

Die Mitarbeit stets belohnen, auch wenn der Erfolg ausbleibt.

Achtung: Ein Überangebot an Sportspielen kann die Aktivitätsbereitschaft des Hundes insgesamt heraufsetzen und sich so manchmal negativ auswirken.

Den Hund immer loben, wenn er eine Aufgabe bewältigt hat. Das stärkt sein Selbstbewußtsein.

Aus Langeweile baut der Hund überschüssige Energien im Auto ab.

Fahrschule für Unruhestifter
Geben Sie Kläffern und überaktiven Hunden vor der Fahrt im Auto die Möglichkeit, überschüssige Energien bei Sport und Spiel abzubauen.
Hunde, die nicht ausgelastet sind oder das Auto als Privatbesitz betrachten, bellen oft beim geringsten Anlaß. Manche werden zu Furien, wenn sich fremde Menschen oder Artgenossen dem Wagen nähern und zerkratzen oder zerfleddern dabei oft Sitze und Verkleidung. Gehen Sie mit einem solchen Derwisch auf Übungsfahrt (Nebenstraßen). Stoppen Sie bei jedem Zerstörungs- und Bellversuch. Gleichzeitig tadelt eine zweite Person den Hund per Nackenbiß (→ Praxis Verständigen, Seite 15) oder bespritzt ihn mit einer Wasserpistole. Erst weiterfahren, wenn er völlig ruhig ist. Verhält er sich still, loben und Leckerbissen geben. Kleinhunde können Sie in den Fußraum vor dem Beifahrersitz verfrachten, wo sie keinen Blickkontakt nach draußen haben. Konsequent wiederholen. Die Hunde registrieren schnell, daß ihr unerwünschtes Verhalten für den Entzug des Fensterplatzes verantwortlich ist.

Erziehung zum guten Esser
Wenn Hunde das Futter verschmähen, kann auch die Forderung nach mehr Zuwendung dahinterstecken.
Die meisten mäkelnden Esser sind trotzdem zu dick. Sie sind gewöhnt, daß der Napf immer gefüllt stehenbleibt und sie sich das Beste aussuchen können. Dazu bekommen sie immer wieder Leckerbissen, ob sie es verdient haben oder nicht.
Geben Sie Ihrem Hund eine ausgewogene Mahlzeit in seinem Napf. Wenn er aufhört zu fressen (kurze Pausen dürfen sein), nehmen Sie den Napf wieder weg. Bis zur nächsten Mahlzeit bekommt er nichts mehr! Wenn er einen Rest übrigläßt, erhält er bei der nächsten Fütterung um diese Menge weniger. Leckt er die Schüssel gierig aus, bekommt er bei der nächsten Mahlzeit etwas mehr.

Wichtig: Feste Spielzeiten einhalten. Danach alle Spielsachen wegräumen. Die Spielstunde mit »Sitz!« (etwa drei Minuten) und Streichel-Lob beenden. Der Hund lernt so, wann er sich austoben darf.

Tagesjob für Nachtarbeiter
Hunden, die nachts nicht schlafen, fehlt oft die nötige Bettschwere. Sie brauchen einen Tagesjob. Bei Sport und langen Spaziergängen verausgabt sich ein gesunder, normalgewichtiger Hund weniger als wir annehmen. Anstrengender sind Aufgaben und Tätigkeiten, die seine ganze Aufmerksamkeit verlangen: regelmäßige Auffrischung der Grunderziehung, Ausbildungsprogramme auf dem Hundeplatz, Fährtenlesen, Suchdienst, Bewachungsaufträge, Begleitung in fremder Umgebung, neue Bekanntschaften mit Menschen und Tieren. Mini-Übungen fürs tägliche Gassigehen: Balancieren auf Baumstämmen, Versteckspiele, Slalom-Lauf um Bäume.
Tip: Agility-Parcours im Garten (Wippe, Sprung, Tunnel, Hürde, Treppe).

Auf der Wippe gehen ist eine Übung, die die volle Aufmerksamkeit des Hundes fordert.

Nervtöter: Allein der Halter bestimmt, wann es Zeit für die gemeinsame Spielstunde ist.

REGISTER

Die halbfett gesetzten Seitenzahlen verweisen auf Farbfotos und Zeichnungen.

Wer Welpen richtig erziehen will, muß sie vor besonders leckeren Verlockungen schützen.

Adressen, die weiterhelfen

• Verband für das Deutsche Hundewesen e.V. (VDH), PF 10 41 54, D-44041 Dortmund, www.vdh.de

• Schweizerische Kynologische Gesellschaft (SKG/SCS), Länggassstr. 8, CH-3012 Bern, www.hundeweb.org

• Österreichischer Kynologenverband (ÖKV), Siegfried Marcus-Str. 7, A-2362 Biedermannsdorf, www.oekv.at

• Fédération Cynologique Internationale (FCI), Place Albert 1er, 13, B-6530 Thuin, www.fci.be

• Deutscher Verband der Gebrauchshundsportvereine e.V. (DVG), Geschäftsstelle: Gustav-Sybrecht-Str. 42, D-44536 Lünen, www.dvg-luenen.de

• Deutscher Hundesportverband (dhv), Gustav-Sybrecht-Str. 42, D-44536 Lünen, www.dhv-hundesport.de

Die Anschriften von Hundeclubs und -vereinen können Sie bei den vorgenannten Verbänden erfragen.

Fragen zur Haltung beantworten

Ihr Zoofachhändler oder der Zentralverband Zoologischer Fachbetriebe Deutschlands e.V. (ZZF), Rheinstr. 35, D-63225 Langen (nur telefonische Auskunft möglich), Tel. 06103/910732, www.zzf.de

Hundeausbildungskurse

Der folgende Verein führt in verschiedenen Gebieten Deutschlands wissenschaftlich fundierte Welpenspieltage und Erziehungskurse mit Vorträgen durch: Komitee gegen Leinenzwang und Tierfeindlichkeit e.V. Schirmherrin: Dr. Dorit Feddersen-Petersen, Gesellschaft für artgemäße Hundehaltung, 1. Vors.: Astrid Ebenhoch, Schleissheimerstr. 205a, D-80809 München, Tel. 089/349714, www.gah-bayern.de

Haftpflichtversicherung

Fast alle Versicherungen bieten auch Haftpflichtversicherungen für Hunde an.

Krankenversicherung

Uelzener Allgemeine Versicherungsgesellschaft AG, PF 2163, D-29511 Uelzen, www.uelzener.de

AGILA Haustier-Krankenversicherung AG, Breite Str. 6-8, D-30159 Hannover, www.agila.de

Registrierung von Hunden

Haustierzentralregister, TASSO e.V., Frankfurter Str. 20, 65795 Hattersheim, Tel. 06190/932214, www.tiernotruf.org
Wer seinen Hund vor Tierfängern und dem Tod im Versuchslabor schützen will, kann ihn hier registrieren lassen. Die Eintragung sowie die computergesteuerte Suche bei Vermißtenmeldung sind kostenlos.

Zeitschriften, die weiterhelfen

• *Hunde – Haltung, Zucht, Sport.* Herausgeber: Schweizerische Kynologische Gesellschaft (→ Adressen)
• *Partner Hund.* Gong Verlag, Ismaning.
• *Unser Rassehund.* Herausgeber: Verband für das Deutsche Hundewesen e.V. (→ Adressen)

Bücher, die weiterhelfen

(Falls nicht im Buchhandel, dann in Bibliotheken erhältlich)

• Brunner, Ferdinand: *Der unverstandene Hund.* Neumann-Neudamm, Melsungen.

• Coren, Stanley: *Die Intelligenz der Hunde.* Rowohlt, Reinbek.

• Feddersen-Petersen, Dorit: *Hundepsychologie.* Franckh-Kosmos, Stuttgart.

• Hallgren, Anders: *Hundeprobleme – Problemhunde.* Oertel + Spörer, Reutlingen.

• Hegewald-Kawich, Horst: *Hunde richtig verstehen.* Mosaik Verlag, München.

• Klever, Ulrich: *Knaurs Großes Hundebuch.* Dromer Knaur, München.

• Ludwig, Gerd: *Mit dem Hund spielen und trainieren.* Gräfe und Unzer Verlag, München.

• Schlegl-Kofler, Katharina: *Hundeerziehung sanft und erfolgreich.* Gräfe und Unzer Verlag, München.

• Schlegl-Kofler, Katharina: *Unser Welpe.* Gräfe und Unzer Verlag, München.

• Trumler, Eberhard: *Mit dem Hund auf Du.* Piper Verlag, München.

• Wegler, Monika: *Hunde.* Gräfe und Unzer, München.

• Weidt, Heinz: *Der Hunde, mit dem wir leben:* Wesen und Verhalten. Parey Verlag Hamburg/Berlin.

• Ziemen, Erik: *Der Wolf.* Meyster Verlag, Wien/München.

• Ziemen, Erik: *Der Hund.* Bertelsmann Verlag, München.

Dank

Autor und Verlag danken Herrn Horst Hegewald-Kawich für die Durchsicht des Manuskripts.

Der Autor

Der Zoologe und Journalist Dr. Gerd Ludwig ist Verfasser freier Reportagen zu den Themen Tier, Natur, Medizin und Kunst sowie Autor mehrerer Ratgeber über Hunde und Katzen.

Die Fotografin

Die Fotos in diesem Buch stammen von Monika Wegler. Sie ist Berufsfotografin, Journalistin und Tierbuch-Autorin. Schwerpunkte ihrer Arbeit waren in den letzten Jahren Tierporträts sowie Verhaltens- und Bewegungsstudien von Katzen und Hunden.

Die Zeichnerin

Renate Holzner arbeitet als freie Illustratorin in Regensburg. Ihr breites Repertoire reicht von Strichzeichnungen über fotorealistische Illustrationen bis hin zur Computergrafik.

Wichtiger Hinweis

Ist Ihr Hund gesund?

Verhaltensänderungen beim Hund können auch die Folge von Krankheit, körperlicher Behinderung oder Schmerzen sein. Nächtliche Unruhe etwa ist nicht selten die Folge von Herz- und Kreislaufbeschwerden, plötzliche Aggressivität kann durch Schmerzen ausgelöst werden, Unsauberkeit auf Magen-Darm- oder Nierenprobleme hindeuten.
Umgekehrt können Verhaltensstörungen jedoch auch zur Krankheit führen, vor allem wenn sie länger anhalten, zum Beispiel Futterverweigerung und Apathie.
Grundsätzlich sollte jeder Hund, der auffällige Verhaltensänderungen zeigt beziehungsweise sehr plötzlich gewohnte Verhaltensweisen aufgibt, dem Tierarzt vorgestellt werden. Therapeutische Behandlungen, wie sie dieses Buch beschreibt, dürfen erst dann begonnen werden, wenn der Tierarzt keine Krankheits- oder Verletzungssymptome feststellen konnte.

Impressum

Genehmigte Lizenzausgabe
für Verlagsgruppe Weltbild GmbH,
Steinerne Furt, 86167 Augsburg

Umschlaggestaltung: Uhlig / www.coverdesign.net
Umschlagmotiv: GettyImages
Gesamtherstellung: Offizin Andersen Nexö Leipzig GmbH,
Spenglerallee 26 – 30, 04442 Zwenkau
Printed in Germany

ISBN 3-8289-1736-4

2008 2007 2006
Die letzte Jahreszahl gibt die aktuelle Lizenzausgabe an.

EXPERTEN-RAT

1	**Rüde oder Hündin – wer ist der bessere Partner für mich?**	*Rüden sind selbstbewußter und eigenwilliger, Hündinnen sanfter und umgänglicher. Konsequente Erziehung brauchen aber beide.*
2	**Mein Hund verweigert den Gehorsam. Was mache ich falsch?**	*Das Rudeltier Hund verlangt von seinem Boß Führungsqualität (Ausgeglichenheit, Liebe, Konsequenz). Zeigt man sich nachgiebig und unentschlossen, übernimmt der Hund selbst die Leithund-Position.*
3	**Unser Hund gehorcht nur mir, die übrige Familie ist Luft für ihn. Wie wird er zum Familienhund?**	*Nur wenige Hunderassen (Chow-Chow) sind auf einen Herrn fixiert. Durch Zuwendung, Pflege, Futterzubereitung, Spiel und Sport schafft man Bindungen.*
4	**Wie erzieht man einen Raufbold?**	*Raufbolde werden am besten in einer möglichst großen Hundegruppe sozialisiert (Hundekurs, Hundeschule). Der Halter sollte nicht in der Nähe sein, um seinen Hund nicht zu bestärken.*
5	**Gibt es Hoffnung bei hartnäckigen Streunern?**	*Streunenden Hunden fehlt meist die feste Bindung an eine Bezugsperson. Sie brauchen Abwechslung, Aufgaben, und Ansporn. Sonderfall: läufige Hündinnen und liebestolle Rüden.*